Principios y algoritmos de concurrencia

Ricardo Galli

Tabla de contenidos

Créditos

PRINCIPIOS Y ALGORITMOS DE CONCURRENCIA

© Ricardo Galli Granada

Diseño de portada: Damián Vila

Ilustraciones: Juan Ramón Mora "JRMora"

Foto: *Spaghetti Worlds*, Carl Milner (Flickr[1])

Corrección: Marilín Gonzalo y Juan Sosa

Versión: 1.0, 2015-08-26

Palma de Mallorca, 2015

ISBN: 978-1517029753

También está disponible la versión digital de este libro (ISBN 978-84-606-8761-0) en Amazon Kindle y Google Play.

Licencia: CC BY-NC-ND 4.0

---

[1] https://www.flickr.com/photos/62766743@N07/8757888849/

Manifiesto

Hace más de veinte años que enseño *Concurrencia* en las asignaturas de *Sistemas Operativos I y II* y en *Programación Concurrente y Distribuida* de la carrera de informática en la Universitat de les Illes Balears. A pesar de la cantidad de notas y presentaciones que elaboré en todos estos años, nunca se me pasó por la cabeza escribir un libro. Ni siquiera el típico libro de apoyo a la asignatura.

Es sumamente complicado transmitir las sutilezas y conflictos generados por ejecuciones que no cumplen con la *secuencialidad* de sus programas. Si ya me resultaba difícil en clases magistrales y prácticas en laboratorio, me parecía tarea imposible escribir un libro.

Pero eso cambió en diciembre de 2014.

1. Motivación

Javier Candeira, un programador que no estudió informática, estaba trabajando con *estructuras concurrentes* y quería aprender más. Me preguntó en Twitter qué bibliografía le recomendaba. Me metió en un problema.

Hay buenos libros de texto de Concurrencia, pero además de ser caros –en general superan los 60 €– están muy orientados a la parte formal del problema, no a las aplicaciones prácticas. También suelen usar lenguajes y formalismos poco usados (Promela, Concurrent Pascal, BACI, ADA) que no tienen sentido para un programador que quiere aprender o actualizarse y poder transferir rápidamente esos conocimientos a su lenguaje preferido.

Hay buenos libros de divulgación y actualización (como [Herlihy12]), pero además de caros están especializados y orientados a una audiencia más académica. También hay buenos libros orientados a un lenguaje en particular, pero no explican los orígenes y principios fundamentales de concurrencia.

No hice un extenso análisis de mercado, no obstante, me di cuenta de que me resultaba imposible recomendar un libro. No encontraba uno que explicase concurrencia de la forma que consideraba adecuada para un programador: riguroso y que explique los principios fundamentales pero sin exagerar con las formalidades académicas.

Casi como una broma respondí *'a ver si tengo que escribirlo en un ebook'*, lo que generó inmediatas peticiones para que lo hiciese.

Así es como surgió este libro: no sabía en lo que me metía. Pensé que lo podría hacer en tres meses con menos de 20 000 palabras, pero acabó teniendo más de 60 000 además de las 10 000 líneas de código en cinco lenguajes diferentes escritas exclusivamente para este libro.

Creo que en el libro logro explicar, con ejemplos en lenguajes modernos y populares, lo que considero fundamental de los principios y algoritmos claves de concurrencia. Es una opinión subjetiva, cada lector tendrá la suya, también quejas de por qué no incluí esa característica tan especial de su lenguaje preferido. Es muy difícil rebatir este tipo de cuestiones. Se necesitaría un ensayo filosófico y seguiría siendo discutible, pero cuento con la ventaja de haber enseñado estos temas durante dos décadas. No solo sé lo que me ha costado dominar ciertos temas, también lo que cuesta transmitir y hacer *captar* las sutilezas de la programación concurrente.

No se trata de aprender de memoria unos algoritmos, ni de saber exactamente cómo y cuándo usarlos. Se trata de otra forma de pensar la programación. Los programas ya no son una secuencia de instrucciones, se ha de razonar de forma diferente. No se trata de solo *este programa*, sino de cómo puede interactuar con *otros*; y cómo afecta la ejecución de esos *otros* a los resultados de *este*. Esta habilidad no se adquiere en una asignatura ni leyendo un libro durante un fin de semana. Requiere motivación y entrenamiento, pero no cabe duda de la utilidad de un libro que explique los fundamentos y los acompañe con código de demostración.

Mi sensación es que no había un libro pensado para el programador que no tuvo la suerte de una formación universitaria; que quiere actualizarse; o que sencillamente se olvidó de lo que estudió en esa oscura asignatura años atrás y hoy tiene las ganas o la necesidad de recordarlo.

Ante esta situación, y dado que el tiempo para escribir un libro es finito, estuve obligado a filtrar y seleccionar lo fundamental, separar los principios de lo que son derivaciones o metaconstrucciones sobre esos pilares básicos. Hice el esfuerzo, no sé si están todos los que son pero sí sé que los que están son fundamentales.

2. Del *ebook* al papel

Este libro fue originalmente diseñado para la versión electrónica, no entraba en los planes inmediatos publicar una versión en papel[1]. El siguiente texto es un fragmento del *manifiesto* de la versión digital del libro:

> **Escribir un ebook técnico legible** Este libro tiene muchos algoritmos y programas completos, mis experiencias con libros electrónicos de este tipo no son las mejores (estoy siendo comedido). La mayoría incluyen ejemplos de programas –con tratamientos de excepciones incluidas– cuyas líneas no alcanzan a mostrarse completas en la pequeña pantalla del lector. Me duele la cabeza de solo recordarlos, exigen un gran esfuerzo para descifrar la parte importante de los algoritmos.
>
> Al momento de escribir estas líneas no sé si habrá una versión impresa del libro –no contacté con ninguna editorial–, la intención desde el principio fue hacer un *ebook* que fuese accesible, compacto y con ejemplos razonablemente fáciles de leer. Fui muy cuidadoso y meticuloso en estos aspectos y creo que el resultado es bueno. En vez de inventar otro pseudocódigo usé directamente Python: es expresivo, fácil de comprender y los programas además son válidos.
>
> Por esa claridad y expresividad muchos ejemplos están escritos en Python. Los programas completos están en cinco lenguajes diferentes (C, Python, Java, Go y ensamblador de ARM). Usé siempre el que me pareció más apropiado para demostrar lo que estaba explicando. En algunos casos traduje el código a Python para explicarlo en el texto, en otros casos usé el lenguaje original pero quitando lo accesorio (como largas listas de argumentos, tratamiento de excepciones y nombres extensos).

La única diferencia entre la versión en papel y el *ebook* es que esta no incluye los apéndices con los programas completos. No es económico ni cómodo añadir cientos de páginas de código. En un *ebook* no tiene coste y se puede navegar fácilmente, pero no es el caso con el papel. Afortunadamente la intención desde el principio fue que la lectura fuese fluida y que el texto se comprendiese con el código incluido en el cuerpo, lo mismo vale para esta edición.

Los programas completos están disponibles en el repositorio en Github: **https:// github.com/gallir/concurrencia**. Si tenéis interés en profundizar o probarlos lo podéis

---

[1] El *ebook* está recibiendo buenas críticas y se está vendiendo bien, muchos me pidieron una versión en papel y buena gente de Create Space Europa me motivó. Implicaba mucho trabajo de conversión, adaptación y maquetación pero finalmente me convencieron.

bajar a vuestro ordenador de varias formas (bajando el ZIP o clonando el repositorio). El código está organizado por directorios, cada capítulo tiene el suyo[2]. En cada explicación de los algoritmos (que incluyen como mínimo el fragmento importante del programa) se indica cuál es el fichero correspondiente en Github.

Fui muy cuidadoso en la selección del tipo de letra, la maquetación del código y la selección de la parte importante de los algoritmos. Estos son perfectamente legibles, muestran la parte relevante, no hay líneas de código que ocupan todo el ancho de la página y no hace falta recorrer varias páginas hacia atrás y hacia adelante para comprenderlos (pocas veces superan la docena de líneas). En este aspecto cumplí también los objetivos de claridad y legibilidad, creo que aún mejor que en la versión digital (que por otra parte no es complicado, en papel se puede definir mejor el aspecto final).

3. Sobre el contenido

Intenté que este libro sea compacto e ir directamente al grano sin demasiadas analogías, como es habitual en los libros de texto. Cada párrafo suele describir completamente una idea o concepto y cada oración es un avance hacia ese objetivo.

La lectura puede dar la sensación de agobio por la rapidez con que se avanza, algo que también me pasaba durante las revisiones y correcciones. Pido disculpas por no saber hacerlo mejor, pero en cierta forma es inevitable si se escribe un texto donde se introducen tantos temas complejos e interdependientes.

Para facilitar la búsqueda a los que quieren profundizar fui cuidadoso con la bibliografía. Aunque intenté que las referencias fuesen siempre a los artículos científicos originales también me tomé el trabajo de buscarlos y añadir enlaces accesibles.

3.1. Conocimientos previos requeridos

No se requieren ni se suponen conocimientos de concurrencia. Solo de programación, estructuras de datos básicas (pilas, colas, listas), fundamentos muy básicos de programación orientadas a objetos y comprender lo que es un puntero o referencia a memoria.

El texto comienza desde los conceptos más básicos y avanza gradual e incrementalmente. No hay conceptos importantes que no se expliquen al menos brevemente. Quizás encuentres algunos que no conoces; si no los expliqué es porque son muy fáciles de encontrar.

Los programas están desarrollados y probados en GNU/Linux. Para ejecutarlos se necesita acceso a un ordenador con este sistema. No hace falta ser un experto pero sí tener un mínimo de experiencia con comandos básicos de consola.

[2] El nombre en inglés de cada uno corresponde el tema de su capítulo correspondiente: hardware, spinlocks, semaphores, futex, monitors, channels y transactional.

3.2. Los programas

Uno de los requisitos que me impuse fue que todo lo que explicase debía ir acompañado de programas que compilen y funcionen correctamente. Son lo que están en Github, son libres, puedes hacer con ellos lo que desees, incluso verificar si lo que explico en el libro es verdad.

Otro requisito autoimpuesto fue que todos los programas deberían poder ser compilados y ejecutados en el ordenador más básico posible: cualquier Raspberry Pi con sus distribuciones estándares de GNU/Linux. Están preparados para que funcionen con cualquier distribución relativamente moderna y probados sobre Raspberry Pi 1 y 2 con Debian Jessie y Ubuntu 14.04. Para compilarlos hay que instalar los paquetes del gcc, Golang, Python y el SDK de Java –todos disponibles en cualquier distribución– y ejecutar el comando make en cada uno de los directorios organizados por capítulos.

La regla para usar uno u otro lenguaje de programación fue elegir el más apto para el tema en cuestión. Si era una buena opción usaba Python. Para *Monitores* usé principalmente Java porque es un lenguaje popular que los incluye como construcción sintáctica del lenguaje. Para *Canales* usé Go por la misma razón, son una construcción del lenguaje.

Hay bastantes ejemplos en C. Lo usé cuando no había opción de hacerlo en otro lenguaje o porque era el más adecuado para ese caso. Mi opinión es que los programadores deben saber C, su gramática es muy sencilla y a la vez está muy próximo a la arquitectura. Pero si no lo sabes no te preocupes, aprenderás un poco sin mucho esfuerzo. Los programas son breves, se usan siempre las mismas funciones y están explicados –a veces línea a línea–.

Usé ensamblador en un único caso, no había otra opción para demostrar el funcionamiento de las instrucciones de sincronización *LL/SC* (Sección 4.5.6, "Load-Link/Store-Conditional (*LL/SC*)"). Afortunadamente los procesadores ARM de ambos modelos de Raspberry Pi (ARMv6 y ARMv7) soportan esas instrucciones, no hace falta hardware especial o caro.

En algunos algoritmos hay ejemplos en varios lenguajes diferentes, me pareció oportuno mostrar cómo se hacen en cada uno de ellos, o cómo se pueden construir mecanismos similares (notablemente simular monitores en C y Python). Para los que conozcan un lenguaje mejor que otro puede ser clarificador.

3.3. Terminología

Escribí el libro en castellano porque pensé que sería mucho más sencillo que hacerlo en inglés. Ahora pienso que quizás me complicó más. Cuando se trata de bibliografía técnica intento leer siempre el original en inglés por lo que no domino la terminología específica en castellano. He tenido que dedicar mucho tiempo a encontrar las traducciones adecuadas para los nombres técnicos, pero me negué a traducir algunas palabras que son parte de nuestro vocabulario habitual como *array, buffer, spinlock, scheduler* o *commit*. Espero haber hecho un trabajo aceptable.

Una parte importante del aprendizaje y entrenamiento de cualquier área de conocimiento es conocer la terminología técnica, esta permite la discusión y transmisión del conocimiento de forma más compacta y sin ambigüedades. Para bien o para mal, la lengua vehicular de la informática es el inglés, por lo que es importante conocer también la terminología técnica en ese idioma. En este aspecto fui cuidadoso de indicar el equivalente en inglés cada vez que introduzco un concepto o definición nueva.

Tampoco es fácil seleccionar una definición en particular. Muchas veces doy varios sinónimos –en castellano y en inglés– porque no hay un consenso universal ni en la comunidad científica. Algunos términos se usan más en un entorno (como *lock-free* y *critical section*) y en otros se refieren a lo mismo con palabras diferentes (*deadlock-free* y *mutual exclusion* respectivamente), en estos casos inicialmente describo ambos términos en castellano e inglés y los uso indistintamente si se entienden en el contexto.

3.4. Los gráficos de tiempos

Los libros no suelen incluir gráficos ni comparaciones de tiempos por una buena razón: la tecnología cambia muy rápidamente y los números aburren. El problema es que se hacen afirmaciones rotundas de eficiencia de estrategias o algoritmos pero sin presentar los datos ni el contexto en que fueron tomadas. Quizás tenían sentido en el momento que se diseñaron esos algoritmos, pero los sistemas *SMP* han evolucionado y mejorado sustancialmente. Las mejoras notables de hace una década hoy pueden ser inexistentes o residuales.

Hice pruebas y mediciones de todos los ejemplos en diferentes arquitecturas. No fueron mediciones escrupulosas para artículos científicos ni descubrí nada nuevo, no tenía sentido que las incluyera a todas. Pero sí incluí algunos gráficos[3] en secciones donde la eficiencia era el tema central, o cuando los datos desmentían la intuición o suposiciones populares. Pido disculpas si me excedí, no siempre salí triunfante contra mi obstinación de *cada afirmación debe ir acompañada de los datos que la soportan.*

3.5. Para docencia

No fue la intención original pero este libro cubre completamente, y con algo más, los contenidos de concurrencia que se suelen dar en las carreras de informática. Hace unos

---

[3] Los datos *crudos* están en Github [https://github.com/gallir/concurrencia/tree/master/measurements].

años estos temas eran una parte de las asignaturas de sistemas operativos. Fue en esta área donde primero aparecieron los problemas de concurrencia, era natural que se explicaran en estas asignaturas.

Pero el área de concurrencia se amplió y profundizó. Ya tiene peso e importancia por sí misma[4] por lo que ya existen asignaturas específicas de programación concurrente. Este libro cubre todos los temas de concurrencia que se dan en esas asignaturas y que sería el equivalente a aproximadamente un semestre.

Una de las carencias más importantes en la docencia de Concurrencia es que no se suelen enseñar temas que avanzaron mucho en los últimos años: memoria transaccional, diseño de algoritmos de *spinlocks* con instrucciones de hardware y las interfaces de los sistemas operativos para la programación de primitivas de sincronización como *FUTEX*. Es razonable esa carencia, el tiempo es finito y no suelen estar incluidos en los libros de texto de sistemas operativos ni de programación concurrente. Creo que los dos últimos temas mencionados son complejos –quizás para posgrados- pero importantes, por eso dediqué un capítulo a cada uno de ellos con ejemplos de las técnicas y algoritmos más usados.

3.6. Capítulos

Capítulo 1, *Procesos y concurrencia*
Es la introducción a concurrencia, procesos e hilos y cómo son gestionados y planificados por el sistema operativo. Describe el problema del intercalado y cómo es el responsable de los problemas de concurrencia. Me parece que es un capítulo sencillo de entender y de lectura fácil pero importante: define con precisión qué es la programación concurrente.

Capítulo 2, *Exclusión mutua*
Describe las soluciones por software al problema fundamental de concurrencia, la exclusión mutua. Comienza con los casos más sencillos para dos procesos hasta acabar en soluciones genéricas. Su objetivo también es enseñar cómo se razonan, diseñan y evalúan los programas concurrentes. Si tienes experiencia con programación concurrente y conoces el algoritmo de la panadería podrías saltarte este capítulo, pero si no tienes experiencia o no recuerdas los requisitos y sus razones, es de lectura obligatoria.

Capítulo 3, *La realidad del hardware moderno*
Las soluciones por software no funcionan si no se tiene en cuenta la evolución y funcionamiento de los procesadores modernos, arquitecturas de multiprocesamiento y modelos de coherencia de la memoria caché. De lectura obligada si no sabes por

---

[4] Algunos consideramos que es clave en la formación, forma parte de los principios fundamentales de la informática.

qué los procesadores no aseguran la consistencia secuencial, o qué son las barreras de memoria.

Capítulo 4, *Soluciones por hardware*

Se describen las instrucciones de hardware diseñadas para facilitar la sincronización de procesos, cómo usarlas para solucionar la exclusión mutua con *spinlocks* básicos, los problemas *ocultos* y sus soluciones. Salvo la última parte, donde se discute y soluciona el *problema ABA*, no me parece un capítulo muy complejo pero sí muy pedagógico de por qué y cómo se diseñan y usan las operaciones atómicas de los procesadores.

Capítulo 5, *Spinlocks avanzados*

Es quizás el capítulo más complejo, trata temas que habitualmente no aparecen en los libros de texto (quizás por la complejidad). Avanza en el tema de *spinlocks*, explica cómo hacerlos más eficientes, implementaciones de listas sin bloqueos y los algoritmos desarrollados recientemente. Es de lectura obligada para los que pretenden convertirse en programadores de sistemas operativos, de sistemas empotrados, o de los que tienen que trabajar con estructuras concurrentes (muy usadas en bases de datos, máquinas virtuales o intérpretes de lenguajes).

Capítulo 6, *Semáforos*

Con este comienza una segunda parte bien diferenciada. En los capítulos previos se tratan algoritmos con espera activa, a partir de este se estudian las soluciones para evitar esas esperas activas haciendo que los procesos se bloqueen cuando no deben continuar. La construcción de semáforos fue la primera en este sentido, la inventó Dijkstra a finales de la década de 1960 y es sin duda un pilar fundamental de todas las construcciones posteriores para sincronización de procesos. No me parece un capítulo complejo pero sí define muchos conceptos fundamentales, de lectura obligada aunque creas que sabes de semáforos.

Capítulo 7, *FUTEX*

Es una interfaz del núcleo Linux diseñada específicamente para que las librerías implementen mecanismos de sincronización de procesos de forma muy eficiente. Quizás este es el segundo capítulo en complejidad, pero me parece relevante porque enseña cómo se programan a bajo nivel las primitivas de sincronización que usan las librerías más importantes (incluidas POSIX Threads) y máquinas virtuales. Dado que es una interfaz de interacciones complejas entre el núcleo y procesos de usuario, es difícil encontrar buena documentación de introducción. Este capítulo llena ese hueco. No es necesario leerlo para comprender los otros pero es uno de los que más disfruté escribiendo.

Capítulo 8, *Monitores*

La construcción de monitores se inventó para solucionar los mismos problemas de sincronización que los semáforos pero de una forma más estructurada. A pesar de que es una construcción sintáctica de un lenguaje tan popular como Java pocos programadores lo conocen. Quizás se deba a que en los libros de texto se enseñan monitores con el casi desaparecido *Concurrent Pascal* o ADA y se sedimenta la idea de que es un concepto antiguo o abandonado. Al final del capítulo se hacen comparaciones de rendimiento para matar algunos mitos y suposiciones erróneas. Creo que la lectura es bastante accesible, de interés para todos los programadores, especialmente los que programan en Java o con las librerías POSIX Threads (las variables de condición surgieron de los monitores).

Capítulo 9, *Canales*

Los canales están basados en el concepto de *comunicación de procesos secuenciales* que inventó Hoare en 1978. Es un modelo genérico de computación de procesos independientes que se comunican y sincronizan únicamente a través de mensajes[5]. Los canales ofrecen las mismas posibilidades de sincronización que semáforos y monitores, además permiten la comunicación sin compartir memoria por lo que facilita la implementación de procesos independientes que pueden ejecutarse en paralelo. Erlang es un lenguaje que se basa en el modelo *CSP*. En 2010 se publicó la primera versión de Go, también basado en los mismos conceptos y considerado por algunos como el mejor lenguaje concurrente. Es muy probable que en tu vida profesional debas programar en un lenguaje que use canales. Al final del capítulo se muestran ejemplos sencillos pero que son claves de computación en paralelo y distribuida con canales. El capítulo es fácil de leer, con todos sus ejemplos en Go (interesante también para los que quieran aprender Go o los patrones básicos de concurrencia con canales).

Capítulo 10, *Memoria transaccional*

Estuve a punto de no escribir este capítulo, iba a ser solo una sección en el epílogo. Cuando acabé los demás y me informé de los avances en los últimos dos años me di cuenta de que el libro habría quedado incompleto sin una buena explicación de memoria transaccional. Todo parece indicar que será el mecanismo más conveniente para aplicaciones concurrentes, gracias al soporte de los nuevos procesadores y el esfuerzo de los desarrolladores de librerías y compiladores. Creo que este capítulo quedó muy redondo, introduce el tema desde cero pero explica hasta los detalles de implementación por hardware y las mejores prácticas y patrones de programación.

Un último apunte. Estructuré los capítulos de la forma en que me pareció más lógica y en nivel de abstracción creciente, pero no significa que debas leerlo en ese orden. Si tienes nula experiencia en concurrencia, o en hardware, podrías dejar para el final la lectura de Capítulo 3, *La realidad del hardware moderno*, Capítulo 4, *Soluciones por hardware*, Capítulo 5, *Spinlocks avanzados* y Capítulo 7, *FUTEX* (en este orden). Cada capítulo es de complejidad también creciente, no te sientas mal si hay partes que debes releer o dejar

---

[5] Otros modelos de más alto nivel, como *actores* o *agentes asíncronos* son similares y/o derivados de *CSP*.

para más adelante. Hay temas que son muy complejos, también me costó aprenderlos y todavía más explicarlos en un texto relativamente breve para todo lo que abarca.

De todas formas, aprender requiere esfuerzo personal e intelectual proporcional a la complejidad de lo estudiado. Si requiere poco esfuerzo no es conocimiento, es entretenimiento. O charlatanería.

4. Fe de erratas

Este libro está autoeditado y no fue revisado por editores ni correctores profesionales. Aunque revisé meticulosamente varias veces cada capítulo, publiqué los manuscritos en mi blog[6] y pasó por la revisión de varias personas, seguro que tiene errores. Pido disculpas por adelantado y me comprometo a listarlas en la página de fe de erratas[7] y actualizar el libro en todas las plataformas en las que lo haya publicado.

Si tenéis consultas o encontráis errores, mi apodo es *gallir* en casi todas las redes sociales. También podéis mirar las novedades o contactarme en la página de Facebook[8].

5. Licencia

Creo que el conocimiento debe estar accesible a todos y que es un honor tener lectores interesados en tu obra, independientemente de cómo la obtuvieron. Por eso este libro se distribuye sin DRM en su versión digital y tiene una licencia Creative Commons que te autoriza a hacer copias y fotocopias a novios, amigos, compañeros y cuñados. Las únicas condiciones son que no lo hagas con fines comerciales y no plagies ni modifiques el contenido.

6. Tu colaboración es importante

Aunque puedes copiarlo gratuitamente este libro me costó mucho esfuerzo, tiempo y algo de dinero. El hecho que haya sido autoeditado me generó más trabajo pero también me dio mucha libertad, sobre todo el poder de decidir el precio de venta. Por esta razón puedes comprarlo a precio muy inferior al habitual de este tipo de libros.

Pero ser un autor *indie* tiene sus desventajas, la fundamental es que no dispones de los canales de promoción de las editoriales. En este sentido tu colaboración es importante: si te agradó o te fue de utilidad coméntalo en el sitio donde lo hayas comprado y recomiéndalo a amigos, profesores y colegas.

[6] https://gallir.wordpress.com/principios-de-concurrencia/
[7] https://gallir.wordpress.com/2015/06/21/principios-y-algoritmos-de-concurrencia-fe-de-erratas/
[8] https://www.facebook.com/concurrencia

7. Agradecimientos

A Juan Sosa, Marilín Gonzalo y Virginia Ramirez por sus buenas sugerencias y correcciones.

A Ricardo Alberich y Jairo Rocha del *Departament de Matemàtiques i Informàtica* de la *Universitat de les Illes Balears* por darme acceso al servidor de cálculo de su grupo de investigación.

A Bernat Cabezas y APSL –empresa a la que me incorporaré en setiembre– por dejarme usar sus servidores con procesadores Intel Haswell para las pruebas de memoria transaccional.

A Marc Pàmpols que me dio acceso remoto a una Raspberry Pi 2 mientras esperaba que llegue la mía.

A Sergio L. Pascual que me ayudó con las pruebas y a simplificar el código ensamblador para procesadores ARM.

A Antonio Pérez, Carles Mateu, Carlos Guadall, David Asorey, David Pinilla, Gerard Ribugent, Javier García, Daniel Matilla, Juan Sosa, *Tzarak* y *Aragon de Mordor* por hacer pruebas y mediciones en sus servidores.

A la gente de CreateSpace que me animó a adaptar el libro para esta versión impresa.

A mi familia, que tuvo que soportar a un zombi en casa durante siete meses.

Al lector.

Capítulo 1. Procesos y concurrencia

Los programas en ejecución se denominan procesos. Son elementos de gestión centrales del sistema operativo. Desde el punto de vista del *núcleo* del sistema operativo[1] tienen dos partes bien definidas: la *imagen de memoria* y las *tablas de control de procesos*.

La *imagen de memoria* es la memoria física ocupada por el código y datos del programa. Se diferencian cuatro partes según su contenido:

- Código o texto: El programa ejecutable cargado en memoria.
- Datos: La zona de memoria donde se almacenan las constantes y variables estáticas del programa.

[1] El sistema operativo está formado por un núcleo o *kernel*, como Linux, y las librerías y herramientas necesarias para poder arrancar y ejecutar los procesos necesarios para el funcionamiento normal del sistema. El núcleo es el programa que se carga al inicio, gestiona todos los recursos y los procesos ejecutándose con privilegios especiales del procesador.

- Pila (*stack*): La zona donde se almacenan los argumentos de las funciones, sus valores de retorno y las variables automáticas (locales).

- Zona de memoria dinámica (*heap* + *malloc*): La zona de almacenamiento de memoria asignada dinámicamente[2].

Las *tablas de control de procesos* son estructuras variadas y complejas con información de estado de cada proceso. Por ejemplo, los valores de los registros del procesador cuando el proceso fue interrumpido, tablas de páginas, de entrada-salida, información de propiedad, estadísticas de uso, etc.

Creación de procesos en Unix

La forma estándar de crear procesos en Unix es la llamada de sistema `fork`:

```
pid = fork();
```

Esta llamada de sistema crea un proceso idéntico al proceso que la ejecutó. El nuevo proceso es *hijo* del original y ambos continúan su ejecución independientemente. La imagen de memoria y las tablas de control del hijo son copias[3] de las del padre. La única forma de diferenciarlos es por el valor de retorno de la llamada, en el ejemplo almacenado en la variable `pid`. Si `pid` vale cero se trata del proceso *hijo*, si es mayor que cero es el proceso *padre*.

1.1. Estados de procesos

Durante su ciclo de vida los procesos pasan por tres estados básicos:

- Ejecución: El proceso se está ejecutando en una CPU. Hay como máximo un proceso en ejecución por cada procesador.

- Listos para ejecutar (o simplemente *listos*): El proceso no se está ejecutando pero puede hacerlo inmediatamente. El núcleo mantiene colas de los procesos ordenadas por diferentes criterios (prioridad, tiempo de ejecución, afinidad a un procesador, etc.).

- Bloqueados (también llamados *suspendidos* en Linux[4]): Los procesos en este estado no pueden pasar a ejecución, tienen que esperar a que ocurra un evento para pasar a *listos*. El sistema mantiene diferentes colas clasificadas por el tipo de evento.

---

[2] Habitualmente por llamadas a `malloc`, llamada también *memoria anónima* en Linux.

[3] Se usa la técnica *copy-on-write* (*COW*) para evitar copiar toda la memoria, se copia bajo demanda solo aquellas páginas modificadas por alguno de los procesos. Se consigue más eficiencia y ahorro de memoria RAM.

[4] En la bibliografía académica *suspendido* es otro estado diferente, cuando un proceso ha sido expulsado de la memoria RAM.

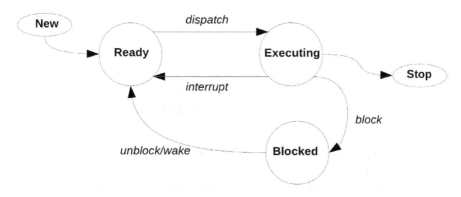

Figura 1.1. Estados de procesos

Los procesos pasan a bloqueados porque solicitaron una operación al núcleo (vía *llamadas de sistema*) y deben esperar a que acabe, frecuentemente cuando un dispositivo notifica con una interrupción. Cuando la operación de entrada-salida finaliza el proceso es movido a la cola de listos para ejecutar.

1.2. *Scheduler*

La transición de *listos* a *ejecución* la decide el módulo *scheduler*, o *planificador a corto plazo*, del núcleo. Se ejecuta cada vez que un proceso se bloquea, cuando se produjo algún evento (habitualmente interrupciones de hardware generadas por dispositivos), o un proceso pasó de bloqueado a listo. Para evitar que un proceso pueda retener el procesador indefinidamente se usa un reloj que genera interrupciones periódicamente.

Cada pocos milisegundos[5] el reloj genera una interrupción y ejecuta al *scheduler*, este decide qué proceso se ejecutará a continuación. Así pues, el núcleo es capaz de quitar de ejecución a los procesos aunque no hagan llamadas de sistema, se dice que el planificador es *apropiativo* (*preemptive*).

El *scheduler* debe tomar decisiones muy frecuentemente, entre unos pocos cientos a decenas de miles de veces por segundo. Para que la decisión sea muy rápida y eficiente se usan sofisticados algoritmos de colas para que la selección sea de baja complejidad computacional, se busca obtener *O(1)* (i.e. seleccionar el primer elemento de la cola).

El rendimiento y *velocidad aparente* del sistema depende en gran medida de las decisiones del planificador. Estas tienen requisitos contradictorios, los más importantes son:

---

[5]Varía entre 100 a 1000 veces por segundo, en Linux por defecto es 250 Hz.

- Tiempo de respuesta: Los usuarios y algunos programas demandan que el sistema operativo responda rápido a los eventos. Cuando se hace clic en un menú se espera respuesta inmediata, o reproducir un vídeo sin saltos.

- Equidad: Los procesos deben tener acceso equitativo a los recursos, la CPU incluida.

- Diferentes prioridades: No todos los procesos son iguales, las tareas críticas del sistema deben ejecutarse con la mayor prioridad, los procesos interactivos deben responder más rápido que los de cálculo, etc.

- Evitar *esperas infinitas* de procesos: Cualquier estrategia para cumplir los requisitos anteriores puede provocar que haya procesos que nunca son seleccionados para ejecución. El *scheduler* debe asegurar que las esperas no superen límites razonables.

La base del *scheduler* de los sistemas de uso general se basa en el algoritmo de turnos rotatorios (*round robin*), a cada proceso se le asigna un tiempo máximo de ejecución (el *cuanto* o *quantum*). Pasado ese tiempo el proceso es interrumpido y si hay otro proceso listo se hace un *cambio de contexto* (*context switching*).

Además de los turnos rotatorios se usan prioridades estáticas y dinámicas calculadas según el comportamiento de los procesos. Si consumen todo su *cuanto* son procesos orientados a cálculo y se les reduce la prioridad[6]. Los procesos que consumen una pequeña parte de sus cuantos son interactivos o con mucha E/S, suelen adquirir mayor prioridad. Las prioridades incrementan el riesgo de procesos que se retrasan indefinidamente, para evitarlo se usan técnicas muy elaboradas y en constante evolución, colas activas e inactivas, tiempos máximos (*time slices*), árboles ordenados, etc.

1.2.1. Cambio de contexto

Es el procedimiento de almacenar el estado del proceso en ejecución y restaurar el del proceso que fue seleccionado por el *scheduler*. Los cambios de contexto son costosos, el núcleo y el procesador deben trabajar juntos para:

1. Guardar los registros del procesador para restaurarlos cuando el proceso vuelva a ejecución.

2. Marcar como inválidas las entradas de caché de las tablas de página (los *TLB, Translation Lookaside Buffer*). También se deben copiar las entradas modificadas[7] a sus correspondientes posiciones de las tablas de página del proceso (*TLB flushing*).

3. Restaurar los registros del procesador y tablas de páginas del proceso que se ejecutará a continuación.

---

[6]Significa, básicamente, que son ubicados más atrás en la cola de listos.
[7]El procesador marca en bits especiales del *TLB* las entradas de las páginas accedidas o modificadas. Esos bits deben ser copiados a sus correspondientes entradas en las tablas de página en memoria.

Los cambios de contexto producen costes colaterales, como el aumento inicial de la tasa de *fallos* de caché y *TLB* porque el nuevo proceso accede a direcciones diferentes. El coste es todavía algo superior si el proceso se ejecutó previamente en una CPU diferente, también se debe considerar esta *afinidad de procesador*.

El *scheduler* está diseñado y en constante evolución para tomar en cuenta estos requisitos contradictorios. La contrapartida es que la ejecución de los procesos se hace cada vez más impredecible. Por la complejidad de las interacciones y eventos es imposible predecir o repetir una secuencia de ejecución particular. Por eso se dice que los *schedulers* de sistemas modernos son *no deterministas*.

1.3. Hilos

Los procesos tradicionales no comparten ni tienen acceso a la memoria de los demás[8], salvo que usen mecanismos *ad hoc* para compartirla[9]. A principios de la década de 1980 se empezaron a desarrollar programas, sobre todo interactivos, más complejos y que requerían responder a una multitud de eventos diferentes[10].

Este tipo de programación se denomina *dirigida por eventos* (*event driven*), se seleccionan los diferentes eventos dentro de un bucle y se llama a las funciones correspondientes. Los programas son más complejos de estructurar y depurar. Para aliviar esta complejidad surgieron dos conceptos hoy muy vigentes y se encuadran en lo que conocemos como *programación concurrente*.

Por un lado se desarrollaron librerías –sobre todo gráficas e interfaces de usuario– y lenguajes que facilitan la programación de diferentes módulos que se ejecutan independientemente de los demás. A este tipo de programación se la conoce como *programación asíncrona*.

Para facilitar la programación de módulos asíncronos se desarrolló el concepto de hilos (*threads*) o *procesos ligeros* (*light weight processes*). En lugar de copiar toda la imagen de memoria de un proceso cuando se crea uno nuevo[11] se mantiene la misma copia para ambos procesos salvo la pila, cada hilo mantiene su propio contexto de ejecución. Los hilos comparten el código, variables estáticas y la memoria asignada dinámicamente.

Desde el punto de vista del *scheduler* los hilos son idénticos a procesos independientes, cada uno de ellos –al igual que los procesos tradicionales– son *unidades de planificación*. Si los hilos se ejecutan en un sistema multiprocesador, además de ejecutarse de manera

---

[8] Por requisitos de seguridad, privacidad y protección de la memoria.
[9] Como el `shmget` del estándar System V, o el estándar más moderno `mmap`.
[10] Por ejemplo en un procesador de texto, hay que responder al teclado, otro módulo que se encarga de la paginación, otro del corrector ortográfico, etc.
[11] Como hace el `fork` en Unix.

asíncrona, pueden hacerlo en paralelo. Por la popularización de *SMP* (*symmetric multi processing*) y los chips *multicore*, la programación con hilos se convirtió en una parte importante de la programación concurrente [12].

Además de las ventajas para los programadores, los hilos son más *baratos* que los procesos. Al no tener que replicar toda la memoria su consumo es menor y, fundamentalmente, los tiempos de creación de nuevos hilos son considerablemente inferiores. Tiene otras ventajas más sutiles, al compartir gran parte de memoria el coste de los cambios de contexto entre hilos es también menor, se invalidan y reemplazan menos entradas de los *TLB* y líneas de caché.

POSIX Threads

POSIX Threads (o *Pthreads*) es el estándar POSIX para crear y gestionar hilos en entornos Unix. En Linux están implementadas en la librería *Native POSIX Thread Library* (*NPTL*), ya incluida en *GNU C Library* (*Glibc*).

La función `pthread_create` sirve para crear hilos, recibe como argumento la referencia a la función inicial del nuevo hilo. Cuando dicha función acabe el hilo se destruirá, aunque se puede llamar a `pthread_exit` en cualquier punto de la ejecución.

Antes de la estandarización de POSIX Threads Linux ofrecía la llamada de sistema `clone`, que puede crear procesos de los dos tipos: los tradicionales como `fork`, o hilos similares a los creados por `pthread create` (que de hecho llama a `clone`).

Las librerías POSIX Threads ofrecen también otras facilidades para sincronización de procesos, entre ellas los *mutex* y *variables de condición* que estudiaremos y usaremos en capítulos posteriores.

1.3.1. Hilos ligeros

Antes de que los sistemas operativos diesen soporte estándar para la creación de hilos (como POSIX Threads en Unix o `clone` en Linux), algunos lenguajes y máquinas virtuales los simulaban con sus propios *schedulers* a nivel de aplicación. Los casos más conocidos son los hilos ligeros en la máquina virtual de Erlang, *sparks* en Haskell, y la antigua emulación de hilos en la máquina virtual de Java conocida como *green threads*.

Algunos lenguajes usan hilos ligeros para evitar el coste de creación y *scheduling* de los hilos nativos del sistema operativo. En Go se denominan *goroutines*, crea hilos con muy

---

[12]Aunque muchos confunden la capacidad de ejecución asíncrona con paralelismo.

pocas instrucciones y consumo de memoria de pocos kilobytes. Otros lenguajes suelen incluir esta funcionalidad en sus módulos de programación asíncrona [13].

Los hilos ligeros son invisibles al núcleo, no pueden ser planificados por el *scheduler*. Lo hace internamente la máquina virtual o librerías *runtime* del lenguaje; no pueden ejecutarse en paralelo a menos que creen hilos nativos con este propósito, como hace Go[14], Erlang desde la versión *SMP* R11B[15], Haskell con *forkIO*, Javascript con *web workers*, etc.

1.4. Programas concurrentes

La necesidad de programar módulos asíncronos que respondan a diferentes eventos y la comodidad de compartir memoria hicieron que fuese más conveniente diseñar programas como una composición de módulos, cada uno responsable de tareas específicas. Cada módulo se ejecuta como un proceso[16] independiente y asíncrono. Esto es, precisamente, lo que llamamos *programación concurrente*.

 Programación concurrente

Es la composición de módulos que se ejecutan independientemente, de forma asíncrona y no determinista.

La programación concurrente tiene ventajas, pero no son gratuitas. La compartición de recursos –fundamentalmente memoria– tiene riesgos y puede provocar errores difíciles de detectar y depurar. Debido al carácter naturalmente asíncrono y no determinista de la ejecución de procesos ya no es posible tratar a los procesos concurrentes como una ejecución secuencial de instrucciones.

El interés de soluciones para los problemas de concurrencia no es nuevo. Surgió con la aparición de los primeros *monitores* –los predecesores del núcleo de los modernos sistemas operativos– a principios de la década de 1960. De hecho, el núcleo es una composición compleja de módulos independientes que deben responder –de forma asíncrona– a

---

[13] *Asyncio* en Python, *Fibers* en Ruby, Javascript usa esencialmente hilos ligeros aunque los *web workers* hacen que la máquina virtual cree hilos nativos.

[14] Lo veréis en los ejemplos de este libro en Go, se indica el número de hilos nativos a crear con la función `runtime.GOMAXPROCS`.

[15] Cuando se arranca el intérprete `erl` se pueden ver mensajes similares a `[smp:4:4] [async-threads:10]`, indica que arranca automáticamente diez hilos ligeros y cuatro nativos –detectó que el sistema tiene cuatro núcleos–.

[16] Salvo que sea necesario y se indique explícitamente, nos referiremos en general como *procesos* aunque estrictamente sean hilos nativos o *ligeros*, la distinción es irrelevante si la ejecución es asíncrona y no determinista.

una enorme diversidad de eventos[17] que pueden generar inconsistencias en las estructuras internas[18].

Se llamó *problemas de concurrencia* a los errores ocasionados por el acceso no controlado a recursos compartidos. Son los más habituales y estudiados: el problema de *exclusión mutua* (o *secciones críticas*).

Durante décadas los problemas de concurrencia estuvieron reservados a los desarrolladores de sistemas operativos. Con la popularización de los sistemas *SMP* se desarrollaron lenguajes y librerías que facilitaron la programación concurrente. La concurrencia dejó de ser esa oscura área de conocimiento reservada a unos pocos expertos para convertirse en una necesidad profesional para una proporción importante de programadores.

Concurrencia y paralelismo

El paralelismo es una forma de ejecutar programas concurrentes. La programación concurrente es una forma de estructurar los programas, no el número de procesadores que se usa para su ejecución.

Los problemas de procesos concurrentes no son exclusividad del procesamiento paralelo, también ocurren con un único procesador.

Los estudios de concurrencia y paralelismo son diferentes. El primero se ocupa de la correcta composición de componentes no deterministas, el segundo de la eficiencia asintótica de programas con comportamiento determinista.

1.5. Intercalación

En un sistema operativo moderno, la ejecución secuencial de un proceso puede ser interrumpida en cualquier momento entre dos instrucciones del procesador; las responsables son las interrupciones de hardware. Cuando el procesador recibe una interrupción ejecuta una función (*interrupt handler*) predeterminada por la tabla de interrupciones. Una vez finalizado el tratamiento de dicha interrupción el *scheduler* decide qué proceso se ejecutará a continuación. Puede elegir al mismo que estaba antes, o a cualquier otro proceso en la cola de *listos para ejecutar*.

En un sistema con un único procesador la ejecución de procesos es una *intercalación exclusiva*.

---

[17] Interacción con dispositivos, interrupciones de hardware, llamadas de sistema, etc.

[18] Muchas de las *pantallas azules* y los *kernel panics* son el resultado de problemas de concurrencia no resueltos.

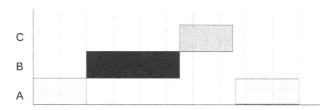

Figura 1.2. Intercalado exclusivo de procesos *A*, *B* y *C*

El *scheduler* selecciona el proceso que se ejecutará, este lo hará durante un período de tiempo denominado *ráfaga de CPU* (*CPU burst*). La duración de la ráfaga no se puede conocer a priori, depende de muchos factores internos y externos al sistema, fundamentalmente el *cuanto* que le asigna el *scheduler*, llamadas de sistema del proceso y las interrupciones de dispositivos que pueden generar cambios de estado de procesos.

Las combinaciones de intercalación entre los diferentes procesos es no determinista. Es altamente improbable que se pueda repetir la misma secuencia de intercalaciones entre pares de procesos.

Todos los procesos comparten y compiten por recursos del sistema (procesador, memoria, acceso a dispositivos, ficheros, etc.); si son independientes entre ellos son los procesadores y el núcleo los que se encargan de que se cumpla la *consistencia secuencial* de cada programa. Se desarrollaron mecanismos complejos[19] para asegurar esta consistencia de cada proceso individual, el programador no se tiene que preocupar de los problemas ocasionados por intercalaciones o competencia. Pero cuando se trata de procesos concurrentes, el núcleo y hardware ya no pueden asegurar esa consistencia. Pasa a ser también responsabilidad del programador.

En un sistema *SMP*, además de la intercalación, se produce *superposición* de ejecuciones.

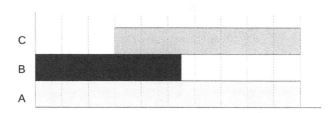

Figura 1.3. Multiprocesamiento

La superposición no complica la resolución de los problemas de sincronización y concurrencia, la intercalación y ejecución no determinista son el origen real de sus riesgos. Los

---

[19] Sistema de memoria virtual, gestión de páginas, sincronización de caché, instrucciones atómicas complejas, etc.

algoritmos de sincronización correctos con intercalación exclusiva también son correctos con superposición. Una solución de exclusión mutua es equivalente y funciona para ambos modos de ejecución: el paralelismo es solo un caso particular de la intercalación.

1.5.1. Los problemas de la intercalación

Los programadores estamos acostumbrados al modelo de consistencia secuencial de los lenguajes de programación: las instrucciones se ejecutan en el orden especificado en el programa. Una de las propiedades que distingue a la programación concurrente es que esta consistencia secuencial ya no se cumple[20].

Consistencia secuencial

Un programa está formado por una secuencia de operaciones atómicas ordenadas, por ejemplo P por p_0, p_1, p_2 y Q por q_0, q_1, q_2. Una ejecución válida de P y Q es:

$$p_0, \ p_1, \ p_2, \ q_0, \ q_1, \ q_2$$

o:

$$q_0, \ q_1, \ q_2, \ p_0, \ p_1, \ p_2$$

Para respetar la consistencia secuencial p_1 se debe ejecutar después de p_0 y p_2 después de p_1, formalmente: $p_0 \rightarrow p_1 \rightarrow p_2$ (lo mismo para las instrucciones de q). La siguiente secuencia de ejecución respeta las relaciones secuenciales anteriores, por lo que también es correcta y secuencialmente consistente si se analiza cada programa por separado:

$$q_0, \ p_0, \ p_1, \ q_1, \ q_2, \ p_2$$

Si esas instrucciones acceden o modifican variables compartidas los resultados pueden ser diferentes, dependen de la secuencia –no determinista– de ejecución.

La mayoría de lenguajes de programación están diseñados para especificar y ejecutar las instrucciones secuencialmente. Tomemos la siguiente secuencia de ejecución de instrucciones de un programa, con las variable a y b inicializadas a cero:

```
a = a + 1
b = b + a
```

[20] Más adelante, en Capítulo 3, *La realidad del hardware moderno*, veremos que las arquitecturas modernas de hardware tampoco aseguran por defecto la consistencia secuencial.

```
print "a, b:", a, b
```

Por el modelo de consistencia secuencial, es fácil deducir que el resultado de imprimir las dos variables será 1 1. Si las dos asignaciones se repiten el resultado será 2 3, el siguiente 3 6, etc.

Supongamos que este fragmento de código se ejecuta en procesos independientes (P y Q), sobre un sistema con un único procesador, y que a y b son variables compartidas. Se puede producir la siguiente intercalación:

```
Proceso P              Proceso Q

...
a = a + 1
                       a = a + 1
                       b = b + a
                       print "a, b:", a, b
                       ...
b = b + a
print "a, b:", a, b
```

El resultado de la ejecución será:

```
a, b: 2 2
a, b: 2 4
```

Ninguno de los valores es correcto, o al menos no son los *esperados*. Si se ejecuta nuevamente el resultado podría ser diferente, depende del instante y orden en que cada proceso ejecuta las instrucciones en secciones que acceden a *objetos compartidos*. Este problema se denomina genéricamente como *condición de carrera* (*race condition*).

Los *bugs* causados por condiciones de carrera son difíciles de detectar, habitualmente no son frecuentes porque la probabilidad de que ocurra es baja[21], y es aún más difícil repetir el error con las mismas condiciones debido al *scheduler* no determinista.

Las dos líneas (tres contando el print) acceden a variables compartidas dependientes: el resultado de b depende de a. Las secuencias anteriores de instrucciones no son *atómicas*, el proceso puede ser interrumpido y ejecutarse otro que modifica las mismas variables.

Lo mismo puede ocurrir con instrucciones más básicas, por ejemplo con una suma:

```
counter += 1
```

---

[21] Al contrario de los ejemplos en este libro, diseñados de tal manera que se aumenta artificialmente la probabilidad de que ocurran estas condiciones de carrera.

Se suele suponer que una operación tan básica como sumar una constante (o *literal*) a una variable es una operación atómica, pero no es así. El código ejecutable está compuesto por al menos tres instrucciones de procesador, por ejemplo en ensamblador de procesadores x86:

```
movl    counter(%rip), %eax
addl    $1, %eax
movl    %eax, counter(%rip)
```

Si se ejecuta dos veces el valor de `counter` será 2, pero es posible que se presente la siguiente condición de carrera por la intercalación de las instrucciones atómicas:

```
movl counter(%rip), %eax  ❶
                    movl counter(%rip), %eax
                    addl $1, %eax
                    movl %eax, counter(%rip)
addl $1, %eax             ❷
movl %eax, counter(%rip)
```

❶   Se almacena 0 en el registro `eax`.

❷   Aunque la variable ya tiene almacenado el valor 1, el registro `eax` sigue siendo 0.

En este caso el valor será 1, se ha *perdido* una operación. Es el problema más habitual. También pasa con lenguajes dinámicos y con compilación de *bytecode* como Java o Python. El siguiente código es el generado por la compilación de Python, son cuatro instrucciones atómicas:

```
LOAD_GLOBAL    0 (counter)
LOAD_CONST     1 (1)
INPLACE_ADD
STORE_GLOBAL   0 (counter)
```

Ejemplos en diferentes lenguajes

Los siguientes programas del directorio `intro/` son equivalentes, crean dos hilos nativos que incrementan una variable compartida (counter): `counter.c` en C, `gocounter_go.go` en Go, `counter_java.java` en Java y `counter.py` en Python. Básicamente, cada hilo ejecuta el siguiente algoritmo:

```
for i in range(5000000):
    counter += 1
```

Al final de la ejecución el valor de `counter` debería ser 10 000 000, pero ninguno obtiene el valor correcto. El resultado de cualquiera de sus ejecuciones es similar a las siguientes:

Resultados y tiempos de CPU[22]

```
$ time ./counter
Counter value: 5785131 Expected: 10000000
real    0m0.010s ❶
user    0m0.017s
sys     0m0.000s

$ time ./gocounter
Counter value: 5052927 Expected: 10000000
real    0m0.021s ❷
user    0m0.032s
sys     0m0.008s

$ time java Counter
Counter value: 4406963 Expected: 10000000
real    0m0.333s ❸
user    0m0.564s
sys     0m0.020s

$ time ./counter.py
Counter value: 7737979 Expected: 10000000
real    0m5.400s ❹
user    0m5.365s
sys     0m0.044s
```

❶❷❸ El tiempo de *reloj* es menor al tiempo acumulado de CPU.

❹ El tiempo de *reloj* es mayor al tiempo acumulado de CPU.

Se observa que en todos *perdieron* hasta más de la mitad de los operaciones. El error se debe a la intercalación de instrucciones, estas pueden ocurrir tanto en sistemas con un único procesador como con *SMP*. De hecho en Python no hay paralelismo, el intérprete –CPython– crea hilos nativos pero no hay ejecución en paralelo, el *Global Interpreter Lock* ([Sampson]) obliga a *serializar* cada una de las instrucciones que ejecuta la máquina virtual.

Nota

Los errores no son resultado exclusivo de la ejecución en varios procesadores, ocurre lo mismo aunque se ejecute en un único procesador, por ejemplo en una Raspberry Pi 1:

Ejecución en un único procesador

---

[22] Compara los *tiempos de CPU* con los *tiempos de reloj*. Salvo Python todos lo superan, se ejecutan en paralelo en dos CPUs por lo que cada segundo de reloj corresponde a dos segundos de procesador. Los programas en Python no pueden ejecutarse simultáneamente en más de un procesador debido a al *Python Global Interpreter Lock*.

```
$ time ./counter
Counter value: 7496883 Expected: 10000000
real  0m0.353s
user  0m0.340s
sys      0m0.000s
```

1.6. Recapitulación

En este capítulo se hizo la necesaria introducción al modelo de procesos, sus tipos y cómo son gestionados y planificados por el sistema operativo. Se definió qué es la programación concurrente y cuáles son riesgos de compartir recursos.

Vimos que los errores de sincronización en programación concurrente son independientes del número de procesadores y que estos se originan por la intercalación de instrucciones, aunque no haya ningún tipo de paralelismo. Lo demostramos con programas concurrentes sencillos y operaciones básicas, los errores ocurrían siempre, con hilos nativos, con hilos ligeros, con ejecución en paralelo, y en un único procesador.

Los programas que usamos de ejemplo son una muestra –simple pero extrema– de los problemas derivados del acceso concurrente a recursos compartidos, incluso con operaciones básicas sobre una variable entera atómica[23]. Estos mismos programas serán la base para estudiar y probar las soluciones a uno de los problemas básicos de concurrencia, la exclusión mutua. Es el tema que comienza en el siguiente capítulo.

---

[23] Más adelante también se estudia qué son y las propiedades de las variables o registros atómicos.

Capítulo 2. Exclusión mutua

La exclusión mutua –o *sección crítica*– es un problema básico y fundamental de sincronización entre procesos [1] con *memoria compartida*; se trata de asegurar el acceso ordenado a recursos compartidos para impedir errores e inconsistencias.

Un problema de exclusión mutua muy genérico y *naïve* que ilustra el problema: si varios procesos en un ordenador [2] envían diferentes trabajos de impresión se debe asegurar que las páginas no se intercalen. Es decir, se debe asegurar la exclusión mutua en el acceso a la impresora.

El mismo problema ocurre con granularidades menores: desde datos en ficheros modificados por varios procesos independientes, la metainformación de los sistemas de ficheros, fragmentos de memoria del navegador web modificados desde diferentes hilos de ejecución, hasta simples variables enteras.

2.1. Definición

La solución formal a este problema fue publicada por Edsger Dijkstra en 1965 ([Dijkstra65]). Un conjunto de procesos independientes que pueden ser considerados cíclicos ejecutan en cada ciclo una parte de código que accede y modifica recursos o zonas de

---

[1] O hilos (*threads*), a menos que especifique lo contrario uso el término indistintamente.

[2] Si la impresora admite trabajos desde diferentes ordenadores el problema se convierte en *distribuido*, el interés de este libro es estudiar las soluciones de *memoria compartida*.

memoria compartidas, la *sección crítica*. La intercalación de instrucciones en esas secciones críticas provocan *condiciones de carrera* que pueden generar resultados erróneos dependiendo de la secuencia de ejecución.

Así se definió el modelo del *problema de la sección crítica* o *exclusión mutua*. Es el más sencillo y estudiado de los problemas genéricos de concurrencia. Consiste en asegurar la exclusión mutua de la ejecución de esas secciones críticas; mientras se ejecuta una de ellas no se debe permitir la ejecución de las secciones críticas de otros procesos.

El modelo separa al código en secciones críticas y *resto del código*. La solución se basa en desarrollar los algoritmos que se insertan justo antes y después de las secciones críticas:

- *Preprotocolo* o entrada a la sección crítica.
- *Posprotocolo* o salida de la sección crítica.

Modelo de sección crítica

```
while forever:
    # ...
    cs_entry()                ❶
    critical_section()
    cs_exit()                 ❷
    # ...
```

❶   Preprotocolo.
❷   Posprotocolo.

Hay muchos algoritmos y construcciones que solucionan el problema de la sección crítica, cada uno tiene sus problemas y ventajas. El objetivo del resto del capítulo es razonar y encontrar soluciones por software; es decir, diseñar los algoritmos para el pre y posprotocolo. Estos deben cumplir con los siguientes requisitos:

 Requisitos para exclusión mutua

Exclusión mutua
> Se debe asegurar que solo uno de los procesos ejecuta instrucciones de la sección crítica.

Progreso o *libre de interbloqueos* (*deadlock free* o *lock-free*)
> Si varios procesos desean entrar a la sección crítica al menos *uno de ellos* debe poder hacerlo.

Espera limitada o *libre de inanición* (*starvation free* o *wait-free*)
> Cualquier proceso debe poder entrar a la sección crítica en un tiempo finito. Esta condición es deseable pero no siempre se puede asegurar, so-

bre todo cuando se implementan algoritmos con soporte de instrucciones de hardware que no están diseñadas para asegurar *equidad* (Sección 5.4, "*Spinlocks* equitativos").

Además de los tres requisitos fundamentales anteriores, en el artículo original ([Dijkstra65]) Dijkstra propuso cuatro que deben cumplir los algoritmos de sección crítica:

 ## Cuatro requisitos de Dijkstra

1. La solución debe ser *simétrica*: no se permiten soluciones que cambien el comportamiento o la prioridad estática de algún proceso.

2. No se deben hacer suposiciones de la *velocidad relativa* de los procesos, ni se puede suponer que las velocidades sean constantes.

3. *Entrada inmediata* o *no interferencia*: un proceso que se interrumpe en el resto del código no debe interferir ni bloquear a los demás procesos.

4. Si varios procesos desean entrar simultáneamente, la decisión en la entrada de la sección crítica debe tomar un número finito de pasos.

2.2. Algoritmos de exclusión mutua

Empezaremos analizando los problemas de algoritmos simples para dos procesos hasta llegar a la primera solución, el *algoritmo de Dekker* de 1963[3]. Luego veremos una solución equivalente pero más sencilla desarrollada por Peterson ([Peterson]) en 1981. Finalmente estudiaremos la solución para N procesos, el *algoritmo de la panadería* de Leslie Lamport ([Lamport]).

 ## Aviso

Estos algoritmos no son prácticos por varios motivos. No solo por la espera activa, también porque no funcionan en los procesadores modernos. Estos reordenan las instrucciones (*out of order execution*) para optimizar la ejecución, por lo tanto no aseguran la *consistencia secuencial* del programa; obligan a llamar a *barreras de memoria* (*memory barriers*) explícitas. En capítulos posteriores estudiaremos estos problemas y sus soluciones.

El objetivo de estudiar estos algoritmos y su evolución hasta la solución correcta es aprender a reconocer los problemas de la programación concurrente, conocer las reglas fundamentales para el diseño de los algoritmos de exclusión mutua, las formas y reglas para verificar si son correctos; y aprender los conceptos y terminología básica:

---

[3]Theodorus Jozef Dekker es un matemático holandés nacido en 1927, su algoritmo se considera el primero que solucionó problemas de procesos concurrentes.

- esperas activas (*busy wait*);
- interbloqueos (*deadlocks*);
- inanición o esperas infinitas (*starvation*);
- bloqueos activos (*livelocks*);
- etc.

Este conocimiento no tiene un interés puramente académico. Es útil para aprender a razonar sobre los problemas de concurrencia, competencia de procesos y condiciones de carrera.

2.2.1. Memoria compartida

En todos los algoritmos y técnicas que analizamos asumimos que los programas tienen acceso a variables en memoria compartida, es decir, variables cuyos valores serán accesibles directa e inmediatamente por los demás procesos. Por ello se denominan *algoritmos de memoria compartida*.

Algoritmos distribuidos

La alternativa son los algoritmos para procesos que no pueden compartir memoria, son los *algoritmos distribuidos*. Los sistemas distribuidos también deben resolver problemas de concurrencia, sincronización y consenso pero sus técnicas son más complejas. El intercambio de datos debe hacerse exclusivamente por intercambios de mensajes sujetos a errores por pérdida, ordenamiento, *timeouts*, modificaciones, etc.

El estudio de algoritmos distribuidos no es el objetivo de este libro, sin embargo, al final del Capítulo 9, *Canales* se hace una breve introducción al tema.

2.2.2. Convenciones de programación

Los programas tienen *secciones críticas* y *resto del código*. No podemos modificar las secciones críticas ni interesa lo que se hace en el *resto*; de este último tampoco tenemos información del tiempo que tarda o cómo se ejecuta. Finalmente, suponemos que el tiempo de ejecución de las secciones críticas es finito. Nuestra responsabilidad será desarrollar los algoritmos para el pre y posprotocolo.

El patrón para representar los algoritmos es como el siguiente ejemplo:

Inicialización de variables globales

```
turno = 1
estados = [0, 0]
```

Programa que ejecuta cada proceso

```
while True:
    # resto del código
    #
    entry_critical_section()  ❶
    critical_section()        ❷
    exit_critical_section()   ❸
    #
    # resto del código
```

❶   Entrada a sección crítica o preprotocolo. Habitualmente se usa `lock`.
❷   La sección crítica, por ejemplo `counter += 1`.
❸   La salida de la sección crítica, posprotocolo, o `unlock`.

2.3. Solución para dos procesos

Encontraremos los algoritmos de exclusión mutua en varios intentos con complejidad creciente, asegurando además que se cumplan los tres requisitos de exclusión mutua y los cuatro de Dijkstra. La primera de estas últimas condiciones dice que los algoritmos deben ser simétricos, implican que el código debe ser el mismo para ambos procesos. No haremos programas diferentes para cada proceso, será el mismo para todos.

Cada uno de los dos procesos está identificado por 0 y 1. Dado que el código de sincronización es idéntico analizaremos la ejecución de solo uno de ellos, la del proceso 0, o *P0*. Desde la perspectiva de *P0* el *otro* proceso es el 1 (o *P1*). Obviamente, el algoritmo de *P1* será igual al de *P0* pero con los valores 0 y 1 intercambiados.

Nota

Se acostumbra a usar `i` para identificar al proceso que se analiza y `j` para identificar a los *otros*. Más adelante usaremos la misma convención. Como ahora solo tratamos con dos procesos usaremos 0 y 1 y centraremos el análisis desde el punto de vista del proceso *P0*.

2.3.1. Primer intento

La idea base es que el valor de una variable entera, `turn`, indica qué proceso puede entrar a la sección crítica. Esta variable es atómica[4] y puede tomar solo los valores 0 y 1 que indican a qué proceso le corresponde el turno. Inicializamos `turn` con cero pero puede tomar cualquiera de los dos valores.

---

[4]Más adelante estudiaremos las propiedades de las variables atómicas, por ahora es suficiente indicar que en este tipo de variables el valor leído es siempre el último escrito.

```
        turn = 0
```

El siguiente es el código del primer intento. El primer `while` es la entrada a la sección crítica, su objetivo es esperar a que sea el turno del proceso. En este caso esperará en un bucle mientras `turn` sea diferente a 0:

```
while turn != 0:
  pass

critical_section()

turn = 1
```

Espera activa

Esta espera en el `while` sin hacer trabajo útil, solo verificando el valor de una variable, se denomina *espera activa* (*busy waiting*). Es una característica indeseable porque consume CPU, pero a veces es inevitable cuando no se pueden usar otras primitivas de sincronización. En estos casos se los llama *spinlocks*, el Capítulo 5, *Spinlocks avanzados* describe algoritmos más eficientes con instrucciones por hardware.

Cuando la variable `turn` sea 0 *P0* podrá entrar a su sección crítica. Al salir de ella ejecutará el posprotocolo que consiste solo en dar el turno a *P1*. El problema del algoritmo es obvio, pero por ser la primera vez lo analizaremos en detalle comprobando el cumplimiento de cada requisito.

Asegurar exclusión mutua

Es fácil comprobar que la cumple. La variable `turn` solo puede tomar uno de entre dos valores. Si los dos procesos están en la sección crítica significa que `turn` valía cero y uno simultáneamente, sabemos que es imposible[5].

Progreso

Supongamos que *P0* entra a su sección crítica por primera vez, al salir hace `turn = 1` y al poco tiempo pretende volver a entrar. Como el turno es de *P1* tendrá que esperar a que este entre a su sección crítica para hacerlo a continuación. Es decir, la entrada de *P0* está *interferida* por el otro proceso cuando este no tiene intenciones de entrar[6]. Solo por esta razón el algoritmo es incorrecto, pero sigamos analizando las siguientes reglas.

Espera limitada

Por lo anterior se produce espera infinita si el proceso 1 no entra a la sección crítica.

---

[5] Es imposible aunque se ejecuten en paralelo en procesadores diferentes, todos aseguran consistencia de caché y es un supuesto de los algoritmos de memoria compartida.

[6] O incluso ni siquiera se está ejecutando.

Entrada inmediata

Si turn vale 1 pero *P1* está en el resto del código *P0* no podrá entrar. Tampoco se cumple.

Sin suposiciones de velocidad relativa

Hemos supuesto que ambos procesos entrarán alternativamente a la sección crítica, es decir que su velocidad relativa es *similar*. Tampoco la cumple.

En pocas palabras, el problema de este algoritmo es que obliga a la *alternancia exclusiva*.

2.3.2. Segundo intento

El problema del anterior es la alternancia exclusiva por el uso de una única variable, se puede solucionar con un array de enteros: una posición para cada proceso. Cada posición indica si el proceso correspondiente está (True) o no (False) en la sección crítica. Cuando un proceso desea entrar verifica el estado del otro, si no está en la sección crítica pone True en su posición del array y continúa (entrando a la sección crítica).

```
          states = [False, False]

while states[1]:
     pass
states[0] = True

critical_section()

states[0] = False
```

Este algoritmo no asegura lo fundamental: exclusión mutua.

Basta con probar que es posible que ambos valores de states sean verdaderos. Puede ocurrir, las instrucciones del while [7] y la asignación posterior no se ejecutan atómicamente, el proceso puede ser interrumpido entre ellas. Por ejemplo, la siguiente intercalación de instrucciones (a la izquierda las de *P0* y a la derecha las de *P1*):

```
P0                        P1
¿states[1]? -> False
                          ¿states[0]? -> False
                          states[1] = True
                          ...
states[0] = True
...
          ## BOOOM! ##
```

---

[7] El while es traducido a una serie de instrucciones que involucran un if.

P0 verifica el estado de *P1*, sale del bucle porque `states[1]` es falso e inmediatamente es interrumpido. *P1* hace la misma verificación, sale del bucle, pone su estado en verdadero y entra a la sección crítica. Mientras está en ella es interrumpido y se ejecuta *P1*, que también entra a la sección crítica.

2.3.3. Tercer intento

El problema del algoritmo anterior: un proceso verifica el estado del otro antes de cambiar su propio estado. La solución parece obvia, si se cambia el estado propio antes de verificar el del otro se impedirá que los dos entren simultáneamente a la sección crítica.

```
states[0] = True
while states[1]:
    pass

critical_section()

states[0] = False
```

Es sencillo demostrar que cumple el primer requisito de exclusión mutua. Si hay competencia, el primero que ejecute la asignación a `states` será el que entrará a la sección crítica.

También cumple el requisito de *no interferencia* y el de *entrada inmediata*. Si *P1* está en el resto del código entonces `states[1]` será falso, por lo que no interfiere con *P0* y este podrá entrar y salir varias veces sin esperas[8].

Pero no cumple el requisito de *progreso*, el algoritmo genera interbloqueo[9] si ocurre la siguiente intercalación de instrucciones:

```
P0                      P1
states[0] = True
                        states[1] = True
                        ¿states[0]? -> True
                        ...
¿states[1]? -> True
...
        ## DEADLOCK! ##
```

P0 asigna su estado, se interrumpe y se ejecuta *P1*, en la entrada de la sección crítica cambia su estado y luego verifica el de *P0*. Como es verdadero no saldrá del `while` hasta que *P0* cambie su estado a falso. Pero *P0* tampoco saldrá del bucle hasta que *P1* cambie

---

[8] Lo que implica que tampoco estamos haciendo suposiciones de velocidad relativa entre ellos.
[9] En el Capítulo 6, *Semáforos* se trata el problema de interbloqueos (Sección 6.3.1, "Interbloqueos") con mayor profundidad.

su estado. Como solo se pueden cambiar después de salir de la sección crítica ninguno de ellos podrá continuar.

Es la perfecta definición de una ley de Kansas de principios del siglo XX ([Railroad])[10]:

> **Ley de Kansas**
>
> Cuando dos trenes se encuentran en un cruce de vías cada uno deberá detenerse completamente y ninguno deberá continuar hasta que el otro se haya ido.

2.3.4. Cuarto intento

Se puede romper el interbloqueo generado por la condición de carrera anterior cambiando temporalmente el estado de `states[i]` a falso, e inmediatamente volver a ponerlo en verdadero. Así se abrirá una *ventana temporal* para que uno de los procesos pueda continuar:

```
states[0] = True
while states[1]:
    states[0] = False  ❶
    states[0] = True   ❷

critical_section()

states[0] = False
```

❶   Cede el paso al otro.
❷   Restaura el estado antes de volver a verificar en el `while`.

Si ambos procesos entran simultáneamente al bucle de entrada, en algún momento –por ejemplo– *P1* pondrá a falso `states[1]` y se interrumpirá y *P0* podrá entrar a su sección crítica. *P1* cambiará `states[1]` otra vez a verdadero y volverá a quedar esperando en el bucle, pero *P0* ya estará en la sección crítica. Cuando *P0* salga pondrá su estado a falso y *P1* podrá entrar.

 Nota

Es lógico pensar que entre las instrucciones de asignación a `states[0]` se puede hacer algo para aumentar la probabilidad de que uno de los procesos pueda entrar, por ejemplo, bloqueando al proceso unos pocos milisegundos con un `sleep` o cediendo el procesador[11]. Una técnica así puede servir para mejorar el rendimiento si no hubiese soluciones mejores –las hay–, pero formalmente son equivalentes.

---

[10] Aunque hay que aclarar que la propuso un Senador porque no quería que se aprobase la ley, insertó esta regla estúpida para que sus colegas detuviesen el proceso al verla. Pero fue aprobada.
[11] Estudiamos la cesión de procesador y *exponential backoff* en Sección 5.2.3, "Espera exponencial".

Además, dado que son muy pocas las instrucciones atómicas del procesador involucradas –unas diez– la probabilidad de que uno de ellos se interrumpa entre ambas asignaciones es bastante elevada. La velocidad de los procesadores haría que ocurriese en pocos nanosegundos.

Analicemos si se cumplen los requisitos:

Exclusión mutua

En ese caso la demostración es algo más compleja; no podemos recurrir al caso simple de que una variable tenga un valor u otro; o que el array `states` no tenga ambos valores en verdadero, que es posible que así sea pero no se viole la exclusión mutua. Hay dos casos:

1. *P0* entra a su sección crítica antes que *P1* verifique el valor de `states[0]`, en este caso *P1* quedará esperando.
2. Hay competencia, ambos procesos entran al bucle. Para que uno pueda salir, por ejemplo *P0*, *P1* debe interrumpirse justo después de ejecutar `states[i] = False`. *P0* podrá continuar y *P1* deberá esperar.

Espera limitada

Práctica y estadísticamente no se producen esperas infinitas, pero no se puede asegurar que la espera estará limitada a un número de *pasos* finito. Este fenómeno se denomina *bloqueo activo* (*livelock*), en algún momento uno de ellos saldrá del bloque pero mientras tanto ambos procesos cambian valores de una variable sin hacer nada útil.

Otro problema, para demostrar que la espera es limitada hay que demostrar que si un proceso desea entrar a la sección crítica lo hará en un número finito de entradas y salidas de otros procesos. Supongamos que hay competencia entre *P0* y *P1*, entra *P1* y *P0* queda esperando. Para asegurar que *P0* no espera indefinidamente deberíamos demostrar que si *P1* sale de la sección crítica y pretende volver a entrar lo hará después de *P0*. Formalmente es imposible, aunque *prácticamente* sabemos que en algún momento *P0* podrá entrar. Los algoritmos y primitivas de exclusión mutua de este tipo de denominan *débiles* (*weak*) [12].

Entrada inmediata

Si uno de los procesos no desea entrar a la sección crítica su estado en `states` será falso, el otro podrá entrar sin espera.

Sin suposiciones de velocidad relativa

Salvo el problema del *livelock* y la *debilidad*, no se hacen suposiciones sobre las velocidades relativas de acceso a la sección crítica.

---

[12] En el siguiente capítulo veremos que las instrucciones de hardware son también débiles, como algunos tipos de semáforos y monitores.

Aunque este algoritmo tiene problemas estamos muy cerca de una solución que cumpla con todos los criterios.

2.3.5. Algoritmo de Dekker (1963)

El problema del algoritmo anterior reside en la indefinición dentro del bucle, se puede usar otra variable, `turn`, que decida de quién es el turno. Como en el primer intento, pero se hará solo en caso de competencia. Si ambos procesos entran al bucle el valor de `turn` decidirá qué proceso entra y cuál espera.

El algoritmo queda de la siguiente forma:

```
        states = [False, False]
        turn   = 0

states[0] = True
while states[1]:
    if turn == 1:
        states[0] = False
        while turn != 0:        ❶
            pass
        states[0] = True

critical_section()

states[0] = False
turn = 1                        ❷
```

❶   *P0* espera si no es su turno, su estado se mantendrá en falso y *P1* podrá entrar a la sección crítica.

❷   Cuando un proceso sale de su sección crítica cede el turno al otro, si este estaba esperando podrá continuar.

El valor de `turn` es relevante solo en casos de competencia, el proceso diferente al valor de `turn` quedará esperando hasta que el otro haya salido de la sección crítica y le transfiera turno.

Este algoritmo cumple todos los requisitos de los algoritmos de exclusión mutua, se puede demostrar que las esperas son limitadas:

1. Si *P1* desea entrar a la sección crítica y *P0* ya está en ella, *P1* quedará esperando. Cuando *P0* salga pondrá `turn = 1` por lo que el siguiente en entrar será *P1* aunque *P0* intente volver a entrar inmediatamente.

2. En caso de competencia ambos verifican el valor de `turn`, uno de ellos (y solo uno) entrará a la sección crítica sin espera adicional.

3. Cuando salga el proceso que haya entrado primero dará el turno al que quedó esperando como en el primer caso.

Este algoritmo es correcto pero todavía puede ser simplificado.

2.3.6. Algoritmo de Peterson (1981)

No hacía falta encontrar una solución algorítmica para dos procesos [13] pero como ejercicio
intelectual [Peterson] obtuvo un algoritmo más simple, fácil de entender y que ahorra unos
ciclos de procesador. Las variables son las mismas y la idea fundamental no cambia, solo
el orden de las instrucciones.

```
            states = [False, False]
            turn   = 0

states[0] = True
turn = 1                                ❶
while states[1] and turn == 1:          ❷
    pass:

critical_section()

states[0] = False
```

❶   Cede el turno al otro proceso.

❷   Espera si el estado del otro es verdadero y es su turno.

Como ya hemos analizado en detalle los algoritmos anteriores, en este nos limitaremos a
demostrar que se cumplen los tres criterios fundamentales de *Requisitos para exclusión
mutua*:

Exclusión mutua

Para que haya dos procesos en la sección crítica y por la condición states[j] and
turn == j se tiene que cumplir una de las condiciones siguientes:

1. Que states sea [False, False]: es imposible porque los procesos que desean
   entrar antes asignan True a su posición.

2. Que el último que desea entrar sea *P0*, que states sea [True, True], y que
   turn sea 0. Es imposible porque antes de la comparación *P0* hizo turn = 1. La
   inversa se aplica si *P1* es el último en pretender entrar.

---

[13] Ya había soluciones más prácticas y eficientes para dos o más procesos, como instrucciones por
hardware.

3. Hay competencia y `turn` vale cero y uno simultáneamente. También imposible. En este caso el que entrará primero es el primero de los dos que haya ejecutado `turn = x`.

Progreso

Si hay competencia el valor de `turn` decide qué proceso continúa, como `turn` puede valer solo 1 o 0, uno y solo uno de los dos podrá continuar. Si no hay competencia, el proceso que pretende entrar lo hará inmediatamente porque el valor de `states` para el otro será falso.

Espera limitada

El proceso que desea entrar primero cede el turno al otro antes de la comparación en el bucle. En caso de competencia el proceso que intenta volver a entrar cederá el turno al que ya estaba esperando. Cada proceso espera como máximo un único *paso*, si hay competencia podrá entrar cuando haya salido el que entró previamente.

2.4. Solución para *N* procesos

Los algoritmos anteriores resuelven la exclusión mutua solo para dos procesos, no tienen utilidad práctica, solo interés teórico. Como veremos en Capítulo 3, *La realidad del hardware moderno* y Capítulo 5, *Spinlocks avanzados*, un algoritmo para *N procesos* implementado sin soporte especial de hardware o el sistema operativo tampoco es útil. Sin embargo, además del interés académico tiene sentido estudiarlos para comprender mejor los problemas y soluciones. Como veremos en capítulos posteriores, el algoritmo de la panadería sirvió de inspiración para otros más sofisticados y útiles.

2.4.1. Algoritmo de la panaderia (1974)

La solución más intuitiva es de Leslie Lamport ([Lamport]), se la conoce como el *algoritmo de la panadería* (*bakery algorithm*) por su similitud a los clientes de una tienda que sacan un número para ser atendidos.

La implementación básica –pero todavía incompleta– de la idea es la siguiente:

```
    number  = [0, ..., 0]          ❶

number[i] = 1 + max(number)        ❷
for j in range(0, N):              ❸
    while number[j] > 0
        and number[j] < number[i]:  ❹
        pass

critical_section()
```

```
number[i] = 0
```

❶   El tamaño del array debe ser igual al número máximo de procesos concurrentes.
❷   La función `max` retorna el mayor número en el array `number`.
❸   Se recorre todo el array para verificar el número de los demás procesos.
❹   Esperará en el bucle si el proceso *j* tiene un número menor al *mío* (*i*).

Cada proceso tiene asociado un identificador entero (*ID*) que sirve de índice de su posición en el array `number` [14]. El proceso que desea entrar obtiene el siguiente número y lo almacena en su posición en el array. Si no hay nadie en la sección crítica su número será 1. Si hay ya uno será 2, pero si hay otro proceso esperando en el bucle `for j`... su número será 3, etc. El número seleccionado indica el orden de entrada de los procesos.

Pero el demonio está en los detalles.

Son procesos independientes que pueden ser interrumpidos en cualquier momento, por ejemplo cuando recorren el array. Supongamos que *P0* está ejecutando la función `max`, justo antes de almacenar su número se interrumpe y se ejecuta *P1*. Este acaba de recorrer el array `number`, el máximo que encontró es 0 y almacenará 1 en `number[1]`. Inmediatamente se ejecuta *P1* y selecciona también 1, como *P0*. El estado de `number` es el siguiente:

```
[1, 1, 0, ..., 0]
```

Es decir, pueden obtener números duplicados. La solución es usar el *ID* de cada proceso para *desempatar* en caso que hayan seleccionado el mismo número:

```
number[i] = 1 + max(number)
for j in range(0, N):
    while number[j] > 0
        and (number[j] < number[i] or
        (number[j] == number[i]        ❶
        and j < i)):
        pass

critical_section()

number[i] = 0
```

❶   La nueva condición [15], si ambos números son iguales y el *ID* del otro (*j*) es menor que *i* entonces también deberá esperar.

El algoritmo todavía no es correcto, no asegura exclusión mutua.

---

[14] La misma idea que para dos procesos, solo que ahora pueden ser índices de 0 a *N-1*.

[15] Esta condición se suele representar con la notación `(j, number[j]) << (i, number[i])` o más brevemente `number[j] << number[i]`.

Puede ocurrir que cuando *P1* haya llegado al bucle `for  j`…, el proceso *P0* todavía no haya almacenado su número en `number[0]`. Cuando *P1* verifique los valores en `number` observará los siguientes valores:

```
[0, 1, 0, …, 0]
```

La condición `number[0]` > 0 será falsa y *P1* entrará a la sección crítica. Momentos después *P0* almacena su número:

```
[1, 1, 0, …, 0]
```

Cuando verifique el número de *P1* ambos tendrán el mismo (1), pero la siguiente condición

```
number[1] == number[0] and 1 < 0
```

es falsa (el *ID* de *P0* es menor que el de *P1*), *P0* también entrará a la sección crítica.

Para evitarlo hay que impedir que un proceso avance si el proceso contra el que está por comparar su número todavía lo está seleccionando. Para ello se usa otro array, `choosing`, que indicará si el proceso está en medio de la selección.

```
    choosing = [False, ..., False] ❶
    number   = [0, ..., 0]


choosing[i] = True            ❷
number[i]   = 1 + max(number)
choosing[i] = False           ❸
for j in range(0, N):
    while choosing[j]:        ❹
        pass
    while number[j] > 0
        and (number[j] < number[i] or
        (number[j] == number[i]
         and j < i)):
        pass

critical_section()

number[i] = 0
```

❶   El array tiene la misma dimensión que `number`.
❷   Se indica que está por entrar a la sección de selección de número.
❸   Se indica que ya acabó la selección.
❹   Si el proceso *j* está seleccionando se le espera porque podría corresponderle el turno.

Sugerencia

Se puede consultar y probar el código en C (`intro/bakery.c`) de este algoritmo. Para que funcione correctamente en las arquitecturas modernas hay que insertar *barreras de memoria*, tema de estudio en Capítulo 3, *La realidad del hardware moderno*.

Exclusión mutua

Para que dos procesos estén en la sección crítica ambos deberían tener el mismo número. Pero el uso del identificador único y con relación de precedencia asegura que en estos casos siempre habrá uno de ellos que será el *menor*, será el único que saldrá del último bucle.

Para que un segundo proceso (*P2*) entre a la sección crítica si *P1* ya está en ella debe cumplirse que el número de *P2* es menor que el de *P1*. No puede ocurrir:

1. Si *P1* salió del bucle sobre `choosing` es porque *P2* ya salió de la selección, por tanto su número será comparado en el siguiente bucle de comparación de números y habrá entrado *P2* antes que *P1*.

2. Si *P2* todavía no entró a la selección entonces lo hará después de que *P1* haya almacenado su número, por `number[2] = 1 + max(number)` seleccionará un número mayor que el de *P1*.

Asegura exclusión mutua.

Progreso

El peor caso de competencia es que todos los procesos pretendan entrar simultáneamente y hayan seleccionado el mismo número. En este caso siempre habrá un único proceso *menor* que podrá entrar a la sección crítica. Cuando salga podrá entrar el siguiente con el *ID* más bajo, y así sucesivamente en el orden de los *ID*.

Espera limitada

Si un proceso sale de la sección crítica y pretende volver a entrar cogerá un número mayor de los que ya están esperando, por lo que esos entrarán antes. Si *n* procesos desean entrar simultáneamente como máximo tendrán que esperar que entren otros *n-1* procesos. El algoritmo asegura que la espera es limitada. Además es *equitativo* (*fair*), todos los procesos entran en el orden en que han elegido su número.

2.4.2. Algoritmo rápido de Lamport (1987)

El algoritmo de la panadería es la solución correcta y cumple con todos los requisitos, pero tiene dos problemas:

1. Requiere *2n* registros de memoria, los arrays `choosing` y `number`.

2. Aunque no haya competencia cada proceso debe recorrer siempre los dos arrays.

En 1987 Leslie Lamport ([Lamport3]) desarrolló un algoritmo que requiere menos espacio y es más rápido cuando no hay competencia. Usa un array booleano de tamaño n y dos variables (x e y). Si no hay competencia se puede entrar a la sección crítica sin recorrer el array, ejecutando solo siete instrucciones (cinco en la entrada y dos en la salida).

El algoritmo completo y correcto en C está en `intro/fast.c`, con sus respectivas barreras de memoria. No lo analizaremos en detalle, sin embargo, cabe mencionar sus problemas:

1. No asegura espera limitada.

2. Si hay competencia entre dos procesos debe recorrer el array completo.

3. Su *complejidad temporal* no está limitada. En casos de competencia de más procesos se debe recorrer el array varias veces.

2.5. Recapitulación

El problema de exclusión mutua es el más básico y mejor modelado de concurrencia. Sus requisitos y partes están bien definidas: sección crítica, protocolo de entrada y de salida y resto del código. Comenzamos desde lo más básico –dos procesos– hasta encontrar la solución que cumple con todas las condiciones para la solución para N procesos.

Este capítulo sirvió de introducción para reconocer los problemas de procesos concurrentes y la terminología técnica básica. Experimentamos que el modelo secuencial de programa al que estamos acostumbrados no sirve cuando se trata de analizar procesos concurrentes.

Vimos los requisitos que deben cumplirse para asegurar exclusión mutua, y los algoritmos que cumplen con esas condiciones. Pero estos algoritmos no funcionan en las arquitecturas modernas[16], que no aseguran la consistencia secuencial que supusimos para los algoritmos vistos. Este tema se trata en el siguiente capítulo (Capítulo 3, *La realidad del hardware moderno*).

---

[16] Por eso en el código hay barreras de memoria explícitas.

Capítulo 3. La realidad del hardware moderno

Los algoritmos de exclusión mutua anteriores son formalmente correctos, pero no funcionan en la mayoría de procesadores modernos[1]. Los fabricantes intentan maximizar la potencia de sus procesadores con todos los medios posibles: desde múltiples niveles de caché; *buffer* de escrituras; segmentación y cola de instrucciones (*instruction pipeline*); al uso ya extendido de varios núcleos[2]. No es posible la programación concurrente en estos procesadores sin el soporte de instrucciones especiales. Sin ellas no se podría ni asegurar que se cumplan las condiciones de la *máquina universal de Turing*.

Para mostrar el problema programé el algoritmo de Peterson y lo ejecuté de la misma forma que a los programas del capítulo anterior (*Resultados y tiempos de CPU*):

---

[1] No debería decepcionar, la intención era aprender los fundamentos básicos para entender la evolución y cómo hemos llegado a las construcciones actuales.
[2] Una de las razones de la popularización de la programación concurrente –también de la confusión entre concurrencia y paralelismo–, desarrollar programas con varios hilos para poder ejecutarlos en paralelo en los diferentes núcleos.

Aviso

En el Capítulo 4, *Soluciones por hardware* veremos cómo se puede solucionar más eficientemente con instrucciones de hardware.

```
$ time ./counter_peterson
Counter value: 9879533 Expected: 10000000
real    0m0.598s
user    0m1.189s
sys     0m0.000s
```

Además del incremento notable de tiempo de CPU –casi 70 veces más–, el resultado sigue siendo erróneo. No se cumple la exclusión mutua, se *pierden* operaciones, como si no hubiese control de acceso.

Los procesadores modernos no garantizan por defecto que los procesos ejecuten las instrucciones en el mismo orden que aparecen en el programa. Es decir, no aseguran *consistencia secuencial* de acceso a memoria[3].

Las tres razones que pueden provocar violaciones a la consistencia secuencial son:

- Optimizaciones del compilador.

- Incoherencia de caché de RAM en multiprocesadores.

- Ejecución fuera de orden.

3.1. Optimizaciones del compilador

Los compiladores pueden optimizar el código de varias formas, desde cambiar el orden de ejecución hasta usar registros como almacenamientos temporales (*buffers*) antes de copiarlos a memoria RAM. Para evitar que el compilador cambie el orden de ejecución de lecturas y escrituras de variables compartidas, en C[4] se puede especificar que una variable es *volatile*, por ejemplo:

```
volatile int counter = 0;
```

El código del algoritmo de Peterson fue compilado sin optimizaciones, aún con volatile no funciona. En este caso la causa del fallo de exclusión mutua es otra más sutil.

---

[3] Una forma habitual de verificar si una arquitectura asegura dicha consistencia secuencial es ejecutar el algoritmo de Peterson (intro/peterson.c), funciona correctamente en la Raspberry Pi con procesador ARM6, por ejemplo.

[4] Tiene una semántica similar en C++ y Java, en este último es para evitar que se mantengan copias no sincronizadas en objetos usados en diferentes hilos

3.2. Caché de RAM en multiprocesadores

Los accesos a memoria RAM pueden tomar cientos de ciclos de procesador. Para reducir estas diferencias de velocidad los procesadores usan una jerarquía de hasta tres niveles de memoria caché: *L1*, *L2* y *L3*. El nivel L1 suele estar integrado en el chip de la CPU, L2 tiene mayor capacidad y menor velocidad de acceso. En los procesadores más modernos L1 y L2 están integrados en cada núcleo y L3 es compartido por los núcleos en un mismo chip.

Cada caché almacena un bloque o *línea* de la memoria RAM, cada una de ellas puede almacenar temporalmente de 64 a 256 bytes consecutivos. Cuando el procesador accede a una posición de memoria copia toda la línea correspondiente, los siguientes accesos se hacen directamente a la caché sin necesidad de acceder a la RAM. Las líneas de caché modificadas se *marcan* como tal para luego ser volcadas a la memoria RAM si el sistema es *write-back* (si la copia a memoria se hace inmediatamente y antes de dar por finalizada la instrucción se denomina *write-through*).

Asociación de caché

Se usan varios mecanismos de *asociación* para traducir de una dirección de memoria física a la línea correspondiente de la caché.

En *direct mapping* la asociación entre segmentos de direcciones de memoria y sus líneas correspondientes están predeterminadas.

En sistemas de *hashing* y asociatividad con *memoria direccionable por contenido* cada línea puede almacenar cualquier posición alineada de memoria RAM.

Los sistemas de caché más usados son los denominados *N-ways*, *N* significa que un bloque de memoria puede ser almacenado en *N* líneas diferentes.

Las arquitecturas *SMP* deben mantener coherentes las copias de la memoria caché en cada procesador. Cada arquitectura puede o no garantizar la *coherencia de caché*; la buena noticia es que la mayoría de sistemas *SMP* la aseguran.

3.2.1. Coherencia de caché en multiprocesadores

En arquitecturas *SMP* los procesadores están conectados por una compleja red de comunicación, el *front side buffer*. La arquitectura de la red depende del fabricante. Puede ser del tipo *bus*, donde los datos se transfieren por un bus compartido; o arquitecturas más sofisticadas que permiten comunicaciones punto a punto entre procesadores, como la *QuickPath* de Intel.

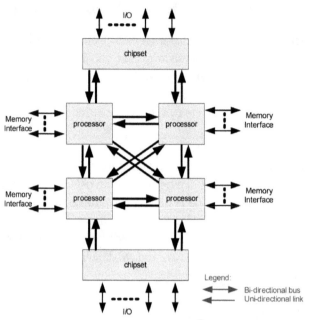

Figura 3.1. Arquitectura QuickPath de Intel[5]

Para mantener la consistencia entre las diferentes copias de caché se usa el algoritmo *MESI* (por *Modified, Exclusive, Shared* e *Invalid*, [Papamarcos]) y derivados como *MESIF* de Intel (*F* por *forward*).

 ## Protocolo *MESI*

Cada línea de caché está en uno de los cuatro estados, *modified, exclusive, shared* o *invalid*. Cada caché *escucha* permanentemente al bus (*snoop*) y cambia el estado de la línea dependiendo de las operaciones y mensajes que recibe.

Cuando un procesador lee de la memoria y carga en caché el estado se marca como *exclusive*.

Si otro procesador necesita acceder a la misma línea se le envía una copia y se marca su estado como *shared*.

Si el procesador modifica una línea cuyo estado es *shared* se la etiqueta como *modified* para que sea posteriormente copiada a RAM. Se envía un mensaje para que los demás procesadores marquen su copia como *invalid*.

---

[5] Imagen de *An Introduction to the Intel QuickPath Interconnect, January 2009* http://www.intel.es/content/dam/doc/white-paper/quick-path-interconnect-introduction-paper.pdf

Si debe acceder a datos en una línea etiquetada *invalid*, envía un mensaje de multidifusión (*broadcast*) para que el que tenga una copia válida (en estado *exclusive* o *modified*) le responda con el valor actualizado. Si ninguno la tiene, accede a la memoria RAM para obtener la copia.

Los sistemas de caché en sistemas *SMP* aseguran la consistencia de caché. La inconsistencia de caché no es la responsable del mal funcionamiento del algoritmo de exclusión mutua.

 Importante

Era importante introducir el tema de la coherencia de caché ya que tiene una enorme influencia en el rendimiento de programas concurrentes en sistemas *SMP*.

También es importante conocerla para comprender el funcionamiento de la *memoria transaccional por hardware* que vemos en el Capítulo 10, *Memoria transaccional*.

La sobrecarga del acceso a variables compartidas

La ejecución de procesos es menos eficiente si estos acceden a las mismas zonas de memoria. Cada modificación de las variables almacenadas en la misma línea –aunque sean direcciones diferentes– obliga al sistema de caché a enviar mensajes de multidifusión para que los demás invaliden sus copias. Esto provoca que por cada acceso a la misma variable se envíen mensajes, y sus respectivas respuestas, para obtener el valor actualizado.

El siguiente programa (`intro/counter_local.c`) es lógicamente equivalente al contador `counter.c` original, pero la suma la hace sobre una variable local en cada hilo (i.e. no compartidas) y se incrementa la compartida solo al final del bucle.

```
// Thread's local variable
int local_counter = 0;

for (i=0; i < max; i++) {
    local_counter += 1;
}

// Add to the shared variable
counter += local_counter;
```

El original accede y modifica la variable compartida en cada iteración, el contador local solo una única vez al final. Este último consume menos del 50 % de tiempo de CPU porque no genera operaciones de sincronización del sistema de caché.

```
$ time ./counter
Counter value: 6356922 Expected: 10000000
real 0m0.036s
user 0m0.064s
sys     0m0.000s

$ time ./counter_local
Counter value: 10000000 Expected: 10000000
real 0m0.014s
user 0m0.024s
sys     0m0.000s
```

 ### *False sharing*

Si se iterará frecuentemente (*spinning*) sobre variables compartidas, es mejor asegurarse de que no comparten la misma línea de caché. Las variables han de ser *distantes* para evitar el efecto conocido como *false sharing* que obliga al intercambio de mensajes aunque sean variables diferentes.

3.3. Ejecución fuera de orden

El problema de los algoritmos de exclusión mutua es la ejecución fuera de orden (*out of order execution*) o *ejecución dinámica*. Los procesadores reordenan las instrucciones con el objetivo de ahorrar ciclos de CPU. Por ejemplo, porque ya tienen valores cargados en registros, o porque una instrucción posterior ya ha sido decodificada en el *pipeline*. Los procesadores no aseguran la consistencia secuencial con respecto al orden del programa, en cambio, usan mecanismos de *dependencias causales* o *débiles* (*weak dependencies*) de acceso a memoria.

La dependencia causal funciona de la siguiente manera, supongamos un programa con las siguientes instrucciones:

```
a = x
b = y
c = a * 2
```

El procesador puede ejecutarlas en diferentes secuencias sin que afecte al resultado, por ejemplo:

```
a = x
c = a * 2
b = y
```

o

```
b = y
a = x
```

```
c = a * 2
```

El procesador detecta que la asignación a c la puede hacer antes que b, o a la de b antes que a a porque no hay dependencias entre ellas. Funciona perfectamente en procesos aislados, pero si se trata de procesos concurrentes es incapaz de detectar las dependencias causales entre ellos. Tomemos el algoritmo correcto más sencillo, Peterson[6], cuya entrada a la sección crítica es:

```
states[0] = True
turn = 1
while states[1] and turn == 1:
    pass
```

El procesador no detecta que las variables son modificadas por diferentes procesos, no encuentra dependencias entre `states[0]` y `states[1]`. Para el procesador son dos variables independientes en la secuencia. Es factible que las ejecute en el siguiente orden:

```
turn = 1
while states[1] and turn == 1:
    pass
states[0] = True

    ## BOOOM!!! ##
```

El procesador puede ejecutar[7] la asignación a `states[0]` después de la verificación del valor de `states[1]`, en la secuencia de instrucciones individuales no hay dependencia causal entre ambas. Por supuesto, este reordenamiento hace que el algoritmo de exclusión mutua falle. Se debe solicitar al procesador, explícitamente y *bajo demanda*, que respete el orden de acceso a memoria entre diferentes segmentos del programa. Esto se hace con las *barreras de memoria*.

3.4. Barreras de memoria

Para que el algoritmo funcione correctamente deben especificarse *barreras* (*fences* o *barriers*) para asegurar que ciertas instrucciones mantienen su orden respecto a otras. Una instrucción de *barrera general* indica al procesador:

1. Que antes de continuar deben ejecutarse todas las operaciones de lectura y escritura que están antes de la barrera.

2. Que ninguna operación de lectura o escritura posterior a la barrera debe ejecutarse antes de esta.

---

[6] Sección 2.3.6, "Algoritmo de Peterson (1981)"

[7] En el ejemplo exagero, esas instrucciones son de alto nivel y que cada una de ellas son varias instrucciones de procesador, pero creo que la analogía es razonable y se entiende mejor.

Supongamos que deseamos que la asignación de c sea siempre posterior a la asignación de a y b, como no hay dependencias detectables por la CPU debemos insertar una barrera entre ellas:

```
a = x
b = y
BARRIER()
c = a * 2
```

Esto forzará a que ambas asignaciones y lecturas de x e y se ejecuten antes de la asignación a c, lo que solo permitirá la siguiente alternativa (además de la secuencia anterior):

```
b = y
a = x
BARRIER()
c = a * 2
```

Debemos hacer lo mismo para que el algoritmo de Peterson funcione correctamente, hay que insertar una barrera entre la asignación de states y turn y el while que verifica el turno y estado del otro proceso:

```
states[0] = True
turn = 1
BARRIER()
while states[1] and turn == 1:
    pass
```

3.4.1. Tipos de barreras

Hay diferentes tipos de barreras y varían entre arquitecturas. Las tres tradicionales son de *lectura*, *escritura* y la *general*. Hay alternativas similares, como las *acquire, release* y *sequential*, usadas en los macros de GCC compatibles con el modelo de memoria de Ansi C/C++ de 2011[8] ([Atomics_C11]).

- Una barrera *acquire* es de *sentido único* (ATOMIC_ACQUIRE), garantiza que todas las operaciones de memoria posteriores a la barrera *parecerán* haber ocurrido después. Las anteriores pueden ejecutarse antes y fuera de orden.

- Una barrera *release* (ATOMIC_RELEASE) es similar a la anterior pero en sentido contrario. Los resultados de las operaciones previas a la barrera ocurrirán antes de la misma. Las posteriores a la barrera podrían ocurrir antes de la misma.

---

[8] Si estáis interesados en aprender más sobre ellas y cómo afectan al desarrollo del núcleo Linux, un buen enlace para comenzar [Howells].

- La barrera *sequential* (o *completa*, o *general*, `ATOMIC_SEQ_CST`) tiene dos sentidos. Las operaciones previas ocurrirán antes y las posteriores después.

3.4.2. Uso de barreras

Debido a la complejidad del diseño y fabricación, los procesadores con ejecución fuera de orden no se popularizaron hasta mediados de la década de 1990 (con la introducción del procesador Power1). Las diferencias entre arquitecturas hicieron que cada una incluyese diferentes tipos de barreras. Así pues, no existen instrucciones estándares ni construcciones sintácticas específicas en la mayoría de lenguajes de programación.

Afortunadamente, el problema está relativamente[9] solucionado por los *builtin macros* de los compiladores, como los del compilador GCC ([Atomics_C11]). El compilador define macros que se tratan como funciones normales del programa y cuando genera el código inserta las instrucciones específicas de cada arquitectura. GCC tiene varios *macros atómicos*, algunos de ellos los analizaremos y usaremos en el siguiente capítulo, por ahora nos interesa el genérico `__atomic_thread_fence`.[10]

Hay que insertar la barrera en el sitio correcto, en el caso del algoritmo de Peterson ya lo sabemos (el código completo en `intro/peterson.c`):

```
void lock(int i) {
    int j = (i + 1) % 2;

    states[i] = 1;
    turn = j;
    __atomic_thread_fence();
    while (states[j] && turn == j);
}
```

Ahora la ejecución sí es correcta y produce el resultado esperado:

```
$ time ./counter_peterson
Counter value: 10000000 Expected: 10000000
real    0m0.616s
user    0m1.230s
sys     0m0.000s
```

En el algoritmo de Peterson la solución con barreras es sencilla, pero las soluciones se hacen más complejas y nada intuitivas en algoritmos más sofisticados. Por ejemplo, el algoritmo de la panadería (`intro/peterson.c`) y el rápido de Lamport (`intro/fast.c`) necesitan tres barreras en sitios diferentes.

---

[9] Sigue siendo un problema que no haya macros estándares para todos los compiladores.
[10] Este macro es de las versiones más modernas de GCC, en las antiguas versiones era `__sync_synchronize`.

Instrucciones de barreras por arquitectura

- Intel 64 bits: `mfence`

- Intel 32 bits: `lock orl`

- ARMv6 de 32 bits (Raspberry Pi 1): `mcr p15, 0, r0, c7, c10, 5`

- ARMv7 y posteriores: `dmb`

3.5. Recapitulación

En este capítulo hemos visto los problemas ocasionados por la ejecución fuera de orden de los procesadores modernos. Las barreras tienen un coste elevado –varios cientos de ciclos de CPU– que se suma a la presión introducida al sistema de caché. Desde el punto de vista del programador, la mayor dificultad es saber exactamente dónde hay que insertar el mínimo número de barreras.

La programación con barreras explícitas no es práctica ya que tiende a producir errores. Hay que probarlas en diferentes arquitecturas y requieren de mucha experiencia. Los académicos consideran que es un error permitir la ejecución fuera de orden, pero es el precio a pagar por procesadores más rápidos.

En cualquier caso, no tiene sentido programar mecanismos de sincronización como los vistos sin ayuda de primitivas de hardware que faciliten la programación. Las analizamos en el siguiente capítulo. No solo sirven para solucionar la exclusión mutua, sino también otros problemas de sincronización y consenso.

Capítulo 4. Soluciones por hardware

Hemos visto algoritmos que solucionan la exclusión mutua sin soporte especial de hardware, solo requieren *registros atómicos* (las variables enteras compartidas)[1]. Son *spin-locks* pero sin uso práctico, son muy ineficientes.

Lo son, en primer lugar, por los requisitos de almacenamiento. El número de registros necesarios –tamaño de arrays– es proporcional al número máximo de procesos concurrentes[2]. En sistemas *SMP* esto implica una sobrecarga importante, el sistema de coherencia de caché debe mantener la consistencia de zonas extensas de memoria.

En segundo lugar, si los procesos se ejecutan en un único procesador el avance es tan lento como impredecible ya que depende del grado de competencia y comportamiento del *scheduler*.

Desde que se comenzó a estudiar el problema de la concurrencia –inicios de la década de 1960– se buscaron soluciones por hardware que permitiesen implementar algoritmos más eficientes y seguros.

---

[1] Salvo el algoritmo de la panadería, este no requiere registros que aseguren atomicidad de lecturas y escrituras. Aunque no pueda asegurar espera limitada también asegura exclusión mutua con registros que retornan valores erróneos, como los registros *seguros* que se estudian más adelante ([Lamport15]).
[2] Está demostrado ([Herlihy12]) que dichos algoritmos son óptimos en cuestión de espacio

4.1. Inhabilitación de interrupciones

Si el problema fundamental es el intercalado provocado por las interrupciones, ¿por qué no deshabilitarlas? Aunque se recurre a este mecanismo en casos muy concretos en el núcleo[3], no es una solución genérica segura. Si un proceso puede deshabilitar las interrupciones también puede tomar el control del sistema: se anula la cualidad de apropiativo del *scheduler*. No es una solución aceptable para *procesos de usuarios*.

Inhabilitar interrupciones presenta dificultades aún en el núcleo del sistema operativo. Existe el riesgo de perderlas y la complicación para hacerlo en todos los procesadores. Además, por la dificultad de deshabilitar interrupciones simultáneamente en varios procesadores tampoco se previene el efecto de intercalación: la memoria puede ser modificada por un procesador sin las interrupciones inhabilitadas.

4.2. Sincronización por hardware

Se desarrollaron alternativas a nivel del procesador, las *primitivas de sincronización de hardware*. Son instrucciones que leen y modifican el valor de uno o varios registros sin ser interrumpidas. También aseguran coherencia de caché e introducen barreras de memoria para mantener el orden parcial de instrucciones.

No existe un único conjunto estándar de primitivas, los fabricantes desarrollaron sus propias instrucciones. Es difícil y arriesgado decidir cuáles implementarán en *silicio*, ya que deberán ser usadas por décadas sin posibilidad de cambiarlas. Así pues, casi todas las arquitecturas ofrecen un conjunto de primitivas, *get&add*, *test&set (TAS)*, *swap*, *compare&swap (CAS)*, etc.

Antes de entrar en detalles de las instrucciones, definiremos formalmente a los *registros* y sus propiedades de consistencia.

4.3. Tipos de registros

Desde el punto de vista formal de concurrencia, el término genérico *registro* no se refiere solo a registros del procesador. Puede involucrar a zonas de memoria RAM, memoria caché, o en general a un *objeto compartido*. A nivel de hardware los procesos se comunican leyendo y escribiendo en memoria compartida: la comunicación se hace vía *registros de lectura-escritura*. Un registro de este tipo encapsula dos métodos, *read* y *store*. O *get* y *write* cuando se habla de objetos compartidos genéricos que pueden ser implementados en lenguajes de alto nivel.

Hay diferentes tipos de registros, cada uno con diferentes *propiedades de consistencia*.

---

[3] Como `local_irq_disable()` o `local_irq_enable()` en Linux.

4.3.1. Registros *seguros*

Los registros con propiedades de consistencia más débiles son los *registros seguros* (o *safe registers*). El nombre es un accidente histórico, son muy inseguros ([Herlihy12]). Estos registros solo aseguran que se retorna el último valor escrito si no hay operaciones *get* y *write* concurrentes, caso contrario pueden devolver cualquier valor aceptable en el rango del registro. Por ejemplo, si es un único byte y hay procesos concurrentes que escriben solo 0 o 1, el *get* de un registro *seguro* puede devolver valores entre 0 y 255 ya que todos están en el rango de ocho bits.

4.3.2. Registros regulares

En el siguiente nivel están los *registros regulares*. Una operación de lectura con escrituras concurrentes puede retornar alguno de los valores recientemente escritos. En un caso de concurrencia similar al anterior, el *get* de este tipo de registros devolvería solo 0 o 1. Se dice que estos registros proveen *consistencia por inactividad* (*quiescent consistency*) porque aseguran que devolverán el mismo valor después de un período de inactividad entre el último *write* y el siguiente *get*.

4.3.3. Registros atómicos

Los registros que devuelven el último valor escrito se denominan *registros atómicos*. Generalmente son registros de un único byte, una *palabra*, enteros de varios bytes, o referencias a memoria u objetos que cumplen las siguientes dos condiciones ([Lamport2]):

1. El método *get* retorna el último valor escrito. Si una lectura retorna un valor y no hubo otra escritura intermedia, la siguiente lectura retornará el mismo valor.

2. Si hay varios *write* concurrentes, *get* retornará uno de los valores escritos. Si un *write* concurrente es el número 1 y otro es 100, *get* retornará 1 o 100.

4.4. Primitivas de hardware y registros *Read-Modify-Write*

Como observamos en el algoritmo de la panadería, el número de registros necesarios crece linealmente con el número de procesos concurrentes. Además, como las esperas activas recorren muchos registros introducen presión sobre zonas extensas de la caché. También obliga a la especificación manual y explícita de barreras de memoria para asegurar la consistencia secuencial. Las soluciones por software al problema de sincronización de procesos son ineficientes e inseguras.

Desde los inicios de la multiprogramación[4] se diseñaron instrucciones atómicas que permitieron implementar algoritmos más seguros y eficientes. Estas primitivas pueden ser expresadas como abstracciones, denominadas genéricamente *registros Read-Modify-Write* o *RMW*. Los registros *RMW* pueden implementarse como construcciones de lenguajes o instrucciones de procesador, sus propiedades son similares.

Registros RMW no triviales

Los registros *RMW* que proveen operaciones adicionales a la *función identidad* (i.e. *get*) se denominan *no triviales*. Maurice Herlihy ([Herlihy91]) demostró que los registros no triviales tienen un *consenso* de al menos 2 (o son de *clase 2*). Las instrucciones de sincronización mencionadas (*get&add, TAS, swap, CAS*, etc.) implementan registros *RMW* no triviales.

CAS es la más potente de la lista. Herlihy ([Herlihy91]) demostró que pertenece a la clase de *consenso N* (o *infinito*). En palabras del autor ([Herlihy12]):

> *CAS* es a la computación asíncrona el equivalente de las máquinas de Turing de la computación secuencial.
>
> — Maurice Herlihy

Afortunadamente, todos los procesadores implementan *CAS* o una equivalente en capacidad de consenso: *load-linked/store-conditional* (o *LL/SC*, disponible en las arquitecturas PowerPC, MIPS, Alpha y ARM).

Hay varios tipos de instrucciones que implementan registros *RMW*, las disponibles en la mayoría de procesadores son:

- *get&set*: Asigna un nuevo valor al registro y retorna el anterior (o la equivalente pero con orden invertido *set&get*).

- *get&add*: Incrementa el valor del registro en el valor indicado y retorna el valor anterior (o su equivalente *add&set*)[5].

- *test&set*: Verifica el valor del registro, si es cero asigna el nuevo valor (habitualmente 1, por ejemplo en IBM 360 el registro es binario o booleano, solo admite 0 y 1).

- *swap*: Intercambia el valor de dos registros.

- *compare&swap*: Compara el valor del registro con otro, si son iguales asigna uno nuevo y retorna el anterior.

---

[4] La capacidad del sistema operativo de tener varios procesos activos en memoria e intercalar su ejecución.

[5] Algunos macros también ofrecen *get_and_sub* o *sub_and_set*, idénticas a sumar un valor negativo.

Los fabricantes implementan conjuntos de operaciones diferentes; para facilitar la programación y portabilidad los compiladores proveen macros, o *intrinsics*, más abstractos. Estos macros generan la secuencia de instrucciones nativas para cada arquitectura[6] así los desarrolladores no se deben preocupar de programar en ensamblador para cada arquitectura[7].

4.5. Exclusión mutua con registros *Read-Modify-Write*

Estudiaremos los algoritmos de exclusión mutua para N procesos con instrucciones de hardware. La mayoría de los ejemplos están en lenguaje C en el directorio `hardware`, para evitar programar en ensamblador usé los macros atómicos de GCC ([Atomics_C11]). Cuando es posible, también están en Go con las primitivas atómicas del módulo `sync`.

Las instrucciones *LL/SC* solo pueden ser programadas en ensamblador de algunas arquitecturas. Sus ejemplos están en ese lenguaje, solo funcionan en arquitecturas ARM (incluidas las Raspberry Pi).

Dejando de lado las limitaciones y restricciones prácticas de programar con instrucciones del procesador, es sorprendente la simplicidad de los algoritmos de exclusión mutua con estas primitivas. Sobre todo después de analizar los problemas de los algoritmos sin soporte del hardware.

4.5.1. *Get&Set*

Se usa una variable global `mutex` inicializada a cero que indica que no hay procesos en la sección crítica. En el preprotocolo se almacena 1 y se verifica si el valor anterior era 0 (es decir, no había ningún proceso en la sección crítica). Si es diferente a cero, esperará en un bucle hasta que lo sea.

La función `lock` es la entrada a la sección crítica, `unlock` la salida.

```
        mutex = 0

def lock():
    while getAndSet(mutex, 1) != 0:
        pass

def unlock():
```

---

[6]Por ejemplo GCC tenía los macros `__sync_*` ([Atomics]), pero en las últimas versiones fueron reemplazados por nuevos macros más cercanos al modelo de memoria de C11 y C++11 ([Atomics_C11]).

[7]En el núcleo Linux no se usan macros, ya que lo haría dependiente del compilador y tampoco generan el código más eficiente. Se programa en ensamblador *empotrado* para cada arquitectura.

```
    mutex = 0
```

El código en C (`counter_get_and_set.c` en el subdirectorio `hardware/`) está implementado con el macro[8] `exchange_n`. A pesar de su nombre no se trata de la instrucción
swap, sino un equivalente de *get&set*.

4.5.2. *Get&Add*

Se puede implementar exclusión mutua con un algoritmo muy similar al de la panadería,
cada proceso obtiene un número y espera por su turno. La obtención del *siguiente número*
es atómica, no se generan números repetidos. Así, no se necesita un array ni un bucle para
controles adicionales. Este contraste muestra claramente las ventajas de disponer registros
RMW.

Se requieren dos variables, `number` para el siguiente número y `turn` para indicar el turno
de entrada.

```python
        number = 0
        turn = 0

def lock():
    """ current is a local variable """
    current = getAndAdd(number, 1)
    while current != turn:
        pass

def unlock():
    getAndAdd(turn, 1)
```

El código en C (`counter_get_and_add.c`) está implementado con el macro `fetch_add`
y en Go (`gocounter_get_and_add.go`) con `atomic.AddUint32`.[9]

A diferencia de la implementación con *get&set*, esta asegura espera limitada: el número
que selecciona cada proceso es único y creciente[10]. Los *spinlocks* de este tipo son conocidos como *ticket locks*. Son muy usados en el núcleo de Linux, aseguran espera limitada
y equidad (*fairness*): los procesos entran a la sección crítica en orden FIFO.

4.5.3. *Test&Set*

La instrucción *test&set* (*TAS*) fue la más usada hasta la década de 1970, cuando empezó
a ser reemplazada por operaciones que permiten niveles de consenso más elevados. La

---

[8] De aquí en adelante, cuando se hace referencia a los macros atómicos de GCC se eliminará el prefijo
`__atomic_` para evitar palabras tan largas que dificultan la lectura.

[9] Estrictamente no es *get_and_add* sino *add_and_get*, devuelve el valor después de sumar. Pero son
equivalentes, solo hay que cambiar la inicialización de la variable `turn`.

[10] Aunque hay que tener en cuenta que el valor de `number` llegará a su máximo y rotará.

implementación en hardware usa una variable entera binaria (o booleana) que puede tomar valores 0 y 1.

La instrucción solo tiene un operando. Si su valor es 0 le asigna 1 y retorna 0, caso contrario retorna 1 (es decir, retorna el valor anterior del registro).

```python
def TAS(register):
    if register == 0:
        register = 1
        return 0

    return 1
```

La implementación de exclusión mutua con *TAS*:

```python
        mutex = 0

def lock():
    while TAS(mutex) == 1:
        pass

def unlock():
    mutex = 0
```

El código en C (`counter_test_and_set.c`) está implementado con el macro `test_and_set`.

4.5.4. *Swap*

Esta instrucción intercambia atómicamente dos posiciones de memoria, usualmente palabras de 32 o 64 bits. Su algoritmo:

```python
def swap(register1, register2):
    tmp = register1
    register1 = register2
    register2 = tmp
```

El algoritmo de exclusión mutua es casi idéntico al que usa *TAS*. La diferencia es que el valor anterior de `mutex` se verifica en la variable local que se usó para el intercambio:

```python
        mutex = 0

def lock():
    local = 1
    while local != 0:
        swap(mutex, local)

def unlock():
```

```
    mutex = 0
```

Para la implementación en C (código completo en `counter_swap.c`) se usa el macro `ex-change`. En Go (código en `gocounter_swap.go`) se pueden usar las funciones atómicas del paquete `sync/atomic`, por ejemplo con `SwapInt32` [11].

4.5.5. *Compare&Swap*

Esta instrucción se introdujo en 1973 para la arquitectura IBM 370/XA [12] para solucionar las limitaciones de *test&set* en operaciones complejas como actualización de colas ([Gifford]). Actualmente *CAS* está disponible en la mayoría de arquitecturas CISC, incluida Intel/AMD. Provee el mayor *nivel de consenso*. La instrucción requiere tres operandos:

Registro (*register*)
La dirección de memoria cuyo valor se comparará y a la que se asignará un nuevo valor, si corresponde.

Valor esperado (*expected*)
Si el valor del registro es igual al esperado entonces se le asignará el nuevo valor. El macro de GCC incluye una operación adicional, si falla la comparación copia el valor del registro a la posición de memoria del *valor esperado*.

Nuevo valor (*desired*)
El valor que se asignará al registro si su valor era igual al esperado.

El algoritmo de la instrucción es [13]:

```
def CAS(register, expected, desired):
    if register == expected:
        register = desired
        return True
    else:
        expected = register
        return False
```

La implementación de exclusión mutua en C (`counter_compare_and_swap.c`) es también sencilla, en el ejemplo se usa una variable local porque el macro de GCC requiere un puntero para el valor esperado. Si `mutex` vale cero –no hay procesos en la sección

---

[11] Esta función no estaba disponible en Go para ARM hasta 2013, asegúrate de tener una versión moderna.

[12] Inventada por Charlie Salisbury, se dice que se llamó inicialmente CAS por sus iniciales y posteriormente se cambió a *compare and swap*.

[13] GCC tiene dos macros para *CAS*, `compare_exchange_n` y `compare_exchange`, ambos retornan un booleano si se pudo hacer el cambio. Se diferencian por la forma de un parámetro. En el primero el valor esperado se pasa por copia, en el segundo por referencia.

crítica–, se le asigna uno y puede continuar. En caso de fallo –`mutex` valía uno–, volverá
a intentarlo en un bucle:

```
        mutex = 0

def lock():
    local = 0
    while not CAS(mutex, local, 1):
        local = 0

def unlock():
    mutex = 0
```

La instrucción `CompareAndSwapInt32` en Go (código completo en
`gocounter_compare_and_swap.go`) es algo diferente, los argumentos del *valor esperado* y el *nuevo* no se pasan por referencia, sino por valor:

```
func lock() {
    for ! CompareAndSwapInt32(&mutex, 0, 1) {}
}
```

El *problema ABA*

CAS tiene un defecto conocido y estudiado, el *problema ABA*. Aunque no se presenta
en algoritmos sencillos como el de exclusión mutua, solo en casos de intercalados más
complejos. Por ejemplo, dos procesos *P* y *Q* que modifican un registro con *CAS*:

- El proceso *P* lee el valor *A* y se interrumpe.

- *Q* modifica el registro con el valor *B* y vuelve a poner el mismo valor *A* antes que *P*
  vuelva a ejecutarse (de allí el nombre *ABA*).

- *P* ejecutará la instrucción *CAS* sin haber detectado el cambio.

Si *A* y *B* son valores simples no hay conflictos. Pero si son punteros a estructuras más
complejas, como nodos de una pila, un campo de esas estructuras pudo haber cambiado
y provocar errores.

Pilas concurrentes sin exclusión mutua

Veremos un caso práctico de implementación de *pilas concurrentes sin exclusión mutua*
(*free-lock stacks*) con *CAS*.

Estructuras *lock-free*

Una estructura de datos compartida es *sin exclusión mutua* (o *lock-free*) si sus
operaciones no requieren exclusión mutua.

Existe interés académico por estos mecanismos porque permiten paralelizar las operaciones sobre estructuras esenciales: *hashes*, colas, árboles balanceados, etc. No son problemas sencillos debido a las limitaciones de las primitivas de hardware para manipular registros de tamaño superior a una palabra, lo que obliga a diseñar algoritmos complejos para componer operaciones atómicas. Por ejemplo, todavía se estudia la solución eficiente a una cola *lock-free* que permita agregar o quitar elementos por ambos extremos.

A continuación implementamos una pila sin exclusión mutua, en el capítulo siguiente veremos colas sin exclusión mutua necesarias para los algoritmos de *spinlocks MCS* (Sección 5.5.2, "MCS *Spinlock* (1991)") y *CLH* (Sección 5.5.3, "CLH *Spinlock* (1993)").

La pila es una lista encadenada de nodos del tipo node y tiene dos operaciones: *pop* y *push*. La estructura node contiene un puntero al siguiente elemento (next) y una estructura [14] que almacena los datos (o *payload*, su estructura interna nos es irrelevante):

```
struct node {
    struct node *next;
    struct node_data data;
};
```

Las funciones push y pop añaden y eliminan elementos de la pila respectivamente. Los argumentos de push son el puntero a la cabecera de la pila y al nodo a añadir. El argumento de pop es el puntero a la cabeza de la pila; retorna el puntero al primer elemento de la pila, o NULL si está vacía.

A continuación el código en C simplificado de ambas funciones.

push

```
void push(node **head, node *e) {
    e->next = *head;                    ❶
    while(!CAS(head, &e->next, &e));❷
}
```

❶   El nodo siguiente al nodo a insertar será el apuntado por la cabecera.
❷   Si la cabecera no fue modificada, se hará el cambio y apuntará al nuevo nodo e. Si head fue modificada, su nuevo valor se copia a e→next (apuntará al elemento nuevo que apuntaba head) y se volverá a intentar. Cuando se haya podido hacer el *swap* head apuntará correctamente a e y e→next al elemento que estaba antes.

---

[14] En el código simplificado no se muestra cada struct, en el código se pudo haber usado typedef, pero preferí no agregar más *capas* que las estrictamente necesarias.

pop

```
node *pop(node **head) {
    node *result, *orig;

    orig = *head;
    do {
        if (! orig) {
            return NULL;            ❶
        }
    } while(!CAS(head, &orig, &orig->next));❷

    return orig;
}
```

❶   Si es NULL la pila está vacía y retorna el mismo valor.

❷   Si la cabecera apuntaba a un nodo y no fue modificada, se hará el cambio y la ca-
      becera apuntará al siguiente nodo. Si fue modificada, se hace una copia del último
      valor a orig y se volverá a intentar.

Este algoritmo es correcto para gestionar una pila concurrente, pero solo si es imposible
eliminar un nodo e inmediatamente insertar otro con la misma dirección de memoria. Con
CAS no se puede detectar si ocurrió una inserción de este tipo, es el problema ABA.

Supongamos una pila con tres nodos que comienzan en las direcciones 10, 20 y 30:

```
head → [10] → [20] → [30]
```

El proceso *P* acaba de ejecutar orig = *head dentro de *pop* y es interrumpido, su variable
orig quedó apuntando a la dirección 10. Otros procesos eliminan dos elementos de la pila:

```
head → [30]
```

Ahora *Q* inserta un nuevo nodo con una dirección de memoria usada previamente, la 10:

```
head → [10] → [30]
```

Cuando *P* continúe su ejecución *CAS* hará el cambio, la dirección de head es igual que
la de orig, 10. Pero la copia de orig en *P* es de un nodo antiguo, dejará la cabecera
apuntando a un nodo que ya no existe. Los siguientes nodos habrán quedado *descolgados*
e inaccesibles:

```
head → ¿20? [30]
```

ABA con malloc

El *reciclado* de direcciones es habitual si se usa `malloc` y `free` al insertar y eliminar nodos [15]. Podemos comprobarlo, el programa en C `stack_cas_malloc.c` usa estas funciones en cuatro hilos diferentes. Cada uno de ellos ejecuta repetidamente el siguiente código:

```
e = malloc(sizeof(node));
e->data.tid = tid;
e->data.c = i;
push(&head, e);          ❶
e = pop(&head);          ❷
if (e) {
    e->next = NULL;      ❸
    free(e);
} else {
    puts("Error, empty"); ❹
}
```

❶   Se añade el elemento nuevo a la pila, su memoria fue obtenida con `malloc`.

❷   Inmediatamente se elimina de la lista. El resultado nunca debería ser `NULL`: todos los hilos primero agregan y luego quitan.

❸   Antes de liberar la memoria del elemento recién eliminado se pone `next` en `NULL`. No debería hacer falta, pero lo hacemos por seguridad y observar que los errores son ocasionados por el problema ABA.

❹   Si no pudo obtener un elemento de la lista, se imprime el error.

En todas las ejecuciones se generan errores de pila vacía, o liberación duplicada del mismo fragmento de memoria:

```
Error, stack empty
*** Error in `./stack_cas_malloc': free(): invalid pointer:
 0x00007fcc700008b0 ***
Aborted (core dumped)
```

En sistemas con un único procesador quizás se necesiten varias ejecuciones, o aumentar el número de operaciones en la constante `OPERATIONS`, para que el error se manifieste. Es uno de los problemas inherentes de la programación concurrente, a menudo la probabilidad de que ocurra el error es muy baja. Es muy difícil detectar el *bug* si se desconoce el problema *ABA*.

---

[15] Las implementaciones de `malloc` suelen volver a usar las direcciones de los elementos que acaban de ser liberados.

ABA con doble pila

Algunas implementaciones de `malloc` no retornan las direcciones usadas recientemente por lo que quizás no se observe el error de doble liberación. Para forzar el reuso de direcciones recientes –y así probar el problema *ABA*–, se puede usar una segunda pila como *caché* de los nodos eliminados de la primera.

No se libera la memoria de los nodos con `free`, sino que se insertan en una segunda pila de *caché* de libres, `free_nodes`. En lugar de solicitar memoria cada vez, se reciclan los nodos de la pila de libres.

El programa (código completo en `stack_cas_freelist.c`) ejecuta repetidamente el siguiente código:

```
e = pop(&free_nodes);      ❶
if (! e) {
    e = malloc(sizeof(node)); ❷
    puts("malloc");
}
e->data.tid = tid;
e->data.c = i;
push(&head, e);            ❸
e = pop(&head);            ❹
if (e) {
    push(&free_nodes, e);  ❺
} else {
    puts("Error, empty");  ❻
}
```

❶ Obtiene un nodo de la pila de libres.
❷ La pila de libres estaba vacía, se solicita memoria. Debería haber, como máximo, tantos `malloc` como hilos.
❸ Se agrega el elemento a la pila de `head`.
❹ Se elimina un elemento de la pila de `head`.
❺ Si se pudo extraer el elemento, se agrega a la pila de libres.
❻ La pila estaba vacía, es un error.

La ejecución del programa dará numerosos errores de *pila vacía*, se harán también más `malloc` de los que deberían. Ambos son consecuencia del problema ABA.

```
0 malloc
Error in 2 it shouldn't be empty
Error in 2 it shouldn't be empty
Error in 0 it shouldn't be empty
0 malloc
Error in 3 it shouldn't be empty
```

Compare&Swap etiquetado

Una solución para el problema ABA es usar bits adicionales para *etiquetar* una *transacción* (*tagged CAS*). Se requiere que *CAS* compare e intercambie registros que incluyan el *valor esperado* y la etiqueta. Es decir, que opere con registros mayores al tamaño de palabra de la arquitectura[16].

Algunos fabricantes introdujeron instrucciones *CAS* que permiten la verificación e intercambio de registros de mayor tamaño que una palabra. Las instrucciones `cmpxchg8b` y `cmpxchg16b` de Intel operan con áreas de 64 y 128 bits, en lugar de solo 32 o 64 respectivamente. Se pueden usar esos bits adicionales para la *etiqueta*.

Para la manipulación de pilas se requiere un campo adicional en las cabeceras. Se define la estructura `node_head` compuesta por el puntero al nodo (`node`) y un entero que será la etiqueta (`aba`). En cada intercambio se incrementa el valor anterior de `aba`, así es como se identifica cada *transacción*.

```
struct node_head {
    struct node *node;        ❶
    uintptr_t aba;            ❷
};

struct node_head stack_head; ❸
struct node_head free_nodes;
```

❶ El puntero al nodo que contiene los datos.
❷ Será usada como etiqueta, un contador que se incrementará en cada *transacción*. Es un entero del mismo tamaño que los punteros (32 o 64 bits según la arquitectura).
❸ Los punteros a las pilas no serán un simple puntero, sino la estructura con el puntero y la etiqueta.

Del código completo en C (`stack_cas_tagged.c`) analicemos en detalle el funcionamiento de push:

```
void push(node_head *head, node *e) {
    node_head orig, next;

    __atomic_load(head, &orig);   ❶
    do {
        next.aba = orig.aba + 1;  ❷
        next.node = e;
        e->next = orig.node;      ❸
    } while (!CAS(head, &orig, &next)); ❹
```

---

[16] Se usa *CAS* principalmente con punteros del mismo tamaño que el de palabra de la arquitectura.

```
}
```

❶   Al tratarse de una estructura que no es un *registro atómico*, se debe asegurar la copia
       atómica de head a orig.

❷   next tendrá los datos de head después del *CAS*, en este se incrementa el valor de
       aba para indicar una nueva transacción.

❸   El siguiente del nuevo nodo es el que está ahora en la cabeza.

❹   Se intenta el intercambio, solo se hará si tanto el puntero al nodo y el entero aba son
       idénticos a los copiados en orig. Si entre la primera instrucción y la comparación en
       el while el valor de head fue modificado, el valor de aba también habrá cambiado
       (será mayor), por lo que *CAS* retornará falso aunque el puntero al nodo sea el mismo.

4.5.6. Load-Link/Store-Conditional (*LL/SC*)

CAS es la más potente de las operaciones atómicas anteriores, permite el consenso con
infinitos procesos (*consenso de clase N*). Los fabricantes de arquitecturas RISC[17] diseñaron una técnica diferente para implementar registros *RMW* que es tan potente que puede
emular a cualquiera de las anteriores: las instrucciones *LL/SC*. De hecho, al compilar los
programas de ejemplo en algunas de esas arquitecturas –por ejemplo, en Raspberry Pi–,
el compilador reemplaza los macros por una serie de instrucciones con *LL/SC*.

El diseño de *LL/SC* se basa en dos operaciones[18] que trabajan en cooperación con el
sistema de coherencia de caché. Una es similar a la tradicional cargar (*load*) una dirección
de memoria; la otra a la de almacenar (*store*) en una posición de memoria. La diferencia es
que ambas están *enlazadas*, la ejecución de la segunda (*SC*) es condicional: almacena el
valor solo si la dirección de memoria no fue modificada desde la ejecución de la primera
(*LL*).

LL/SC en ARM

Las instrucciones *LL/SC* en ARM, ldrex y strex, funcionan de la siguiente manera:

ldrex
       Carga una dirección de memoria en un registro y *etiqueta* esa dirección como de *ac-
       ceso exclusivo*. No hay limitaciones en el número de instrucciones hasta el corres-
       pondiente strex.

strex
       Almacena el valor de un registro en una dirección de memoria, pero solo si esa di-
       rección ha sido *reservada* anteriormente con un ldrex y no fue modificada por otro
       proceso.

---

[17] PowerPC, Alpha, MIPS y ARM.
[18] lwarx/stwc en PowerPC, ll/sc en MIPS, ldrex/strex en ARM.

Las siguientes instrucciones cargan una dirección (indicada por r0) en el registro r1, hacen algunas operaciones y almacenan el resultado en la misma dirección. Si la dirección indicada por r0 cambió desde la ejecución de ldrex dará un fallo (indicado por el valor del registro r2).

```
ldrex   r1, [r0]     ❶
...
strex   r2, r1, [r0] ❷
```

❶   Carga el contenido de la dirección indicada por r0 en el registro r1 y *etiqueta* esa dirección como exclusiva[19].

❷   Almacena el valor del registro r1 en la dirección apuntada por r0 si y solo si esa dirección no fue modificada por otro proceso. Si almacenó el valor pone r2 en 0, caso contrario en 1.

Vale la pena analizar cómo se emulan otras instrucciones atómicas con *LL/SC*, por ejemplo *get&add* y *CAS*:

Emulación de *get&add*

```
.L1:
    ldrex   r1, [r0]     ❶
    add     r1, r1, #1   ❷
    strex   r2, r1, [r0] ❸
    cmp     r2, #0
    bne     .L1          ❹
```

❶   Carga la dirección especificada por r0 en r1.
❷   Incrementa en 1.
❸   Almacena *condicionalmente* la suma.
❹   Si falló vuelve a intentarlo cargando el nuevo valor.

Emulación de *CAS*

```
    ldr     r0, [r2]      ❶
.L1
    ldrex   r1, [r3]      ❷
    cmp     r1, r0
    bne     .L2           ❸
    strex   lr, ip, [r3]  ❹
    cmp     lr, #0
    bne     .L1           ❺
.L2
```

---

[19]En ARM se etiqueta en el sistema del *monitor de acceso exclusivo*, en otras arquitecturas se asocia un bit del *TLB* o de memoria caché.

. . .

❶ Carga el contenido del valor esperado en r0.

❷ Carga el contenido del *registro* en r1.

❸ El resultado de la comparación es falso, sale del *CAS*.

❹ Intenta almacenar el nuevo valor en la dirección indicada por r3 (es decir, hace el *swap*).

❺ Si no se pudo almacenar vuelve a intentarlo.

LL/SC y ABA

Las instrucciones *LL/SC* tienen algunos problemas que afectan al *avance*. El resultado del *store condicional* puede retornar errores[20] *espurios* por:

- cambio de contexto del proceso;
- emisiones *broadcast* en el bus de caché;
- actualizaciones en la misma línea de caché;
- otras operaciones de lectura o escritura entre el *LL* y el *SC*.

La recomendación general es que el fragmento de código dentro de una sección exclusiva sea breve y que se minimicen las escrituras a memoria.

La principal ventaja de las instrucciones *LL/SC* es que no sufren el problema ABA: el primer cambio -de *A* a *B*- ya invalidará el *store* condicional posterior. Cuando analizamos el problema ABA vimos cómo se puede reproducir el problema con un par de colas que intercambian sus nodos. El programa usa el macro atómico para *CAS*, cuando se compila para ARM se emula esa operación, también con sus problemas. Así, a pesar de que en ARM se traduce a operaciones *LL/SC*, también provoca los mismos errores:

```
*** Error in `./stack_cas_malloc': double free or corruption
 (fasttop): 0x75300468 ***
Aborted
```

En una arquitectura con *LL/SC* hay que implementar el algoritmo directamente con esas instrucciones, pero no hay macros adecuados en GCC. Hay que programar en ensamblador.

LL/SC en ensamblador nativo

Veremos la implementación correcta con *LL/SC* del programa con dos pilas *concurrentes* que sufría el problema ABA. Las operaciones *pop* y *push* se implementan esta vez en ensamblador, el código tendrá dos partes:

[20] No implica que falle el algoritmo implementado, solo que se itere otra vez.

1. El módulo en C es similar al código de *CAS* con doble pila, pero sin la implementación de las funciones pop y push (código completo en `stack_llsc_freelist.c`, en el subdirectorio `hardware/arm/`).

2. Las funciones pop y push están implementadas en ensamblador de ARM (el programa `stack_llsc_freelist.s`, también en `hardware/arm/`).

El código en ensamblador es sencillo y breve, solo 32 líneas en total, pero analicemos en detalle la función pop:

pop

```
pop:
      push    {ip, lr}
1:
      ldrex   r1, [r0]      ❶
      cmp     r1, #0
      beq     2f            ❷
      ldr     r2, [r1]      ❸
      strex   ip, r2, [r0]  ❹
      cmp     ip, #0
      bne     1b            ❺
2:
      mov     r0, r1        ❻
      pop     {ip, pc}
```

❶   Carga *LL* del primer argumento de la función (head), la dirección del primer elemento de la lista puntero[21].

❷   En la línea anterior se compara si es igual a cero. Si es así la cola está vacía, sale del bucle y retorna NULL.

❸   Carga en r2 el puntero del siguiente elemento[22] de la lista, la dirección de e→next de la estructura del nodo.

❹   Almacena el siguiente elemento en head.

❺   Copia el contenido de r1 a r0, es el puntero devuelto por la función.

Si se conocen las características y posibilidades de *LL/SC*, no es difícil simular las otras operaciones atómicas. No obstante, es más sencillo implementar el algoritmo directamente con *LL/SC*. Pero, salvo los compiladores de fabricantes, no existen macros para estas operaciones. Probablemente porque es muy complicado simular *LL/SC* en arquitecturas que no las tienen.

---

[21] Recordad que el primer argumento es la *dirección* del puntero, es decir un *puntero a puntero*.
[22] Dado que next es el primer campo, su dirección coincide con la del nodo, por eso no hay *desplazamiento* en el código ensamblador cuando lee o modifica next.

4.6. Recapitulación

En este capítulo hemos visto las instrucciones por hardware esenciales para construir *spin-lock* eficientes. Analizamos varias de ellas, desde las más básicas hasta las más potentes: *CAS* y *LL/SC*. Además de la exclusión mutua vimos el uso de las primitivas *RMW* para resolver problemas más sofisticados, como las pilas concurrentes sin bloqueo. También estudiamos el problema ABA y su solución, *CAS etiquetado*.

No hay instrucciones de hardware unificadas para todas las arquitecturas, ni tampoco una estandarización a nivel de lenguajes de programación. Esa es la razón por la que los compiladores implementan sus propios *macros atómicos* que traducen o emulan los registros *RMW* representado por el macro.

Simular las instrucciones *LL/SC* con *CAS* o *TAS* es más complicado –si no imposible– por lo que GCC no incluye macros para emularlas. Tuvimos que recurrir a ensamblador para poder usarlas en procesadores ARM.

Los *spinlocks* basados en instrucciones por hardware son fundamentales, se requieren algoritmos más eficientes y construcciones más sofisticadas, como lectores-escritores. Son los temas del siguiente capítulo.

Importante

En todos los ejemplos de exclusión mutua la sección crítica consistía solo en incrementar un contador compartido. Es perfecto para mostrar que una operación aritmética tan simple también sufre los problemas de concurrencia. No obstante, espero que os hayáis dado cuenta que no hace falta recurrir a un *spinlock* para incrementar una variable compartida. Se puede hacer de forma directa y óptima con *get&add* o *add&get*.

Por ejemplo en C:

```c
for (i=0; i < max; i++) {
    c = add_fetch(&counter, 1, __ATOMIC_RELAXED);
}
```

O en Go:

```go
for i := 0; i < max; i++ {
    c = atomic.AddInt32(&counter, 1)
}
```

Capítulo 5. *Spinlocks* avanzados

Las soluciones de exclusión mutua anteriores tienen en común una espera activa que continuamente verifica el estado de un registro. Este tipo de algoritmos se denominan *spinlocks*; el de Dekker, Peterson, la panadería o cualquiera de las soluciones de exclusión mutua del capítulo anterior son también *spinlocks*.

Tiene sentido usarlos si se cumple una de las siguientes condiciones:

La sección crítica es muy breve y la competencia es relativamente baja

Los *spinlocks* se emplean en rutinas críticas de los sistemas operativos y para implementar mecanismos de sincronización sin esperas activas. Tienen en común que sus secciones críticas son breves y que no pueden o no tienen acceso a otros tipos de mecanismos.

Los procesos se ejecutan en paralelo

Mientras unos están en sus *spinlocks* otros pueden avanzar y salir de la sección crítica. Los *spinlocks* permiten evitar mayores pérdidas de tiempo ocasionadas por llamadas de sistema o cambios de estado de procesos. No obstante, si hay más procesos concurrentes que CPUs se llega a una situación similar a la de un único procesador: los procesos avanzarán muy lentamente. En estos casos quizás tiene más sentido utilizar construcciones sin esperas activas.

El problema de las soluciones algorítmicas, además de la espera activa, es el número de registros necesarios y la necesidad de iterar en cada uno de ellos. Las primitivas de hardware reducen el impacto eliminando esos requisitos. Es una mejora importante, requieren solo una palabra por cada sección crítica (o *lock*) y simplifican los algoritmos de sincronización.

Pero no todos los procesadores ofrecen las mismas instrucciones. Para obtener el máximo de eficiencia hay que programar para cada arquitectura (como es habitual en el núcleo de los sistemas operativos). Para facilitar la programación y portabilidad, los compiladores incluyen macros (o *intrinsics*) que son traducidas a las operaciones que implementan o simulan esas primitivas; son los que usé para los programas de ejemplo [1].

Analizaremos el comportamiento de cada uno de los *spinlocks* previos. Luego veremos las técnicas y algoritmos que se desarrollaron para reducir sus ineficiencias.

5.1. Comparación de las instrucciones de hardware

En la siguiente figura se muestran los tiempos de CPU –en segundos– de los algoritmos del capítulo anterior con diferentes procesadores: Intel i5 con cuatro núcleos, Intel Xeon con dos procesadores independientes de ocho núcleos cada uno (16 en total) y Raspberry Pi 2 con ARMv7 de cuatro núcleos.

Cada grupo de barras es una medición diferente. El primero por la izquierda (*none*) son los tiempos sin ningún mecanismo de exclusión mutua; el segundo los tiempos del algoritmo de la panadería; el tercero (*best*) es el más eficiente: el incremento de `counter` se hace directamente con la instrucción atómica *get&add*. Los siguientes hacia la derecha son los algoritmos con instrucciones de hardware del capítulo anterior *swap*, *get&add*, *TAS*, *get&set* y *CAS* respectivamente.

---

[1] Salvo el código en ensamblador con `ldrex`/`strex` para ARM.

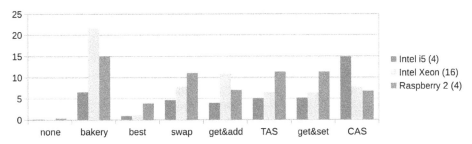

Figura 5.1. Tiempos de CPU para los diferentes macros e instrucciones de hardware

Los algoritmos de exclusión mutua imponen un sobrecoste importante[2] que no es uniforme en todos los procesadores. En Intel i5 y Xeon de 16 núcleos los que mejores tiempo obtienen son *get&set* y *TAS*, en Raspberry Pi 2 es casi un empate entre *CAS* y *get&add*. Puede observarse también que con *CAS* el procesador ARM tiene resultados mejores que los más potentes procesadores Intel. Sorprendente, dado que Intel tiene *CAS* nativo (cmpxhg) pero en ARM se emula con *LL/SC*.[3]

5.2. *Spinlocks* óptimos

Las implementaciones anteriores son ineficientes por dos razones:

Uso y competencia por el procesador

Los procesos consumen el 100% CPU verificando el valor de una variable. Si hay más hilos concurrentes que procesadores la mayor parte del tiempo se pierde en el bucle de verificación.

La presión sobre la memoria caché

Estos algoritmos no son *escalables*. En sistemas con varios procesadores todos los procesos verifican el estado de la misma variable (*hot spot*), por lo que se generan mensajes extras de sincronización de caché.

Aunque en principio son preferibles los *spinlocks* escalables, antes veremos técnicas básicas para mejorar el rendimiento de los anteriores. Al final del capítulo estudiaremos los dos algoritmos escalables más importantes: *MCS* y *CLH*.

---

[2] Como era de esperar, el algoritmo de la panadería es el menos eficiente.

[3] También muestra las buenas propiedades de LL/SC y la complejidad de *CAS*.

Spinlocks escalables

Se denominan *spinlocks escalables* aquellos en que los *fallos*[4] *de memoria caché* se mantienen constantes, independientemente de las iteraciones necesarias en la entrada a la sección crítica ([MCS1], [Boyd-Wickizer]).

En cada iteración (o *spin*) los procesos en diferentes procesadores verifican las mismas posiciones de memoria. Cada vez que un proceso cambia el valor se debe invalidar la caché local en cada procesador y propagar el valor actualizado. El problema se agrava por el *false sharing*, los datos que se modifican en la sección crítica suelen estar en áreas cercanas a las variables de los *spinlocks*. Cada modificación de esas variables supone un *fallo de caché* en cada uno de los procesos.

El objetivo de los *spinlocks* escalables es minimizar el sobrecoste inducido por los *fallos*. La estrategia es que la espera activa de cada proceso se haga sobre posiciones de memoria diferentes.

Veremos tres técnicas de optimización de *spinlocks* que se pueden aplicar a cualquier espera activa sobre una variable compartida. Comprobaremos que sus mejoras en eficiencia son considerables.

5.2.1. Verificación local

Se trata de reducir la presión sobre el sistema de coherencia de caché y reducir las llamadas a las relativamente costosas primitivas de sincronización. Antes de ejecutarlas se verifica (o *cortocircuita*) el valor del registro –mutex en los ejemplos–; si vale 1 ya no hace falta continuar con la instrucción atómica. Cuando se usa con *TAS* esta estrategia es conocida como *TTAS* o *TATAS*; con *CAS* se llama *TCAS*.

TATAS

```
        mutex = 0

def lock():
    while mutex or TAS(mutex):
        pass
```

TCAS

```
        mutex = 0
```

---

[4]No implica que haya producido un error en el sistema, sino que el procesador no tiene una copia actualizada en su memoria caché, por lo que se deben producir intercambios de mensajes para actualizarla al último valor.

```
def lock():
    local = 0
    while mutex or not CAS(mutex, local, 1):
        local = 0
```

Las mejoras dependen de la instrucción atómica y las características del sistema de coherencia de caché. En los tiempos de ejecución se observa que la mejora es notable (algo menor en el procesador ARM), tanto en tiempos de CPU como en tiempos de retorno[5].

Los programas en C para *TAS*, *swap* y *CAS* están el directorio `spinlocks/`: `test_test_and_set_c`, `test_swap.c` y `test_compare_and_swap.c` respectivamente.

5.2.2. Ceder el procesador

Si un proceso debe continuar en la espera activa no tiene sentido volver a comparar inmediatamente si la variable cambió de valor. El tiempo es muy breve, la probabilidad de que la sección crítica se haya liberado es muy baja. En un sistema con un único procesador es aún peor, se seguirá consumiendo CPU hasta que finalice el *cuanto* y no se dejará avanzar a otro proceso.

Lo más lógico es ceder el procesador para dar más tiempo a que el proceso en la sección crítica avance. Una opción es usar la llamada de sistema `sched_yield`, el núcleo quita de ejecución al proceso y lo mueve a la cola de listos.

```
        mutex = 0

def lock():
    while mutex or TAS(mutex):
        sched_yield()
```

Como puede observarse en los gráficos, la cesión del procesador produce reducciones importantes de tiempos en todas las arquitecturas (los programas completos para *TAS*, *swap* y *CAS* son `test_and_set_yield.c`, `swap_yield.c` y `compare_and_swap_yield.c` respectivamente).

5.2.3. Espera exponencial

La forma de reducir la competencia y evitar el efecto ping-pong de los procesos pasando de *listos* a *ejecución* es bloquearlos por un tiempo variable. Este tipo de esperas se denomina *exponential backoff*, el tiempo depende de las veces que ha *fallado* la condición durante la espera activa.

---

[5] Se denomina tiempo de retorno al tiempo total que tarda un proceso desde que se creó hasta que acabó. El tiempo de respuesta es el tiempo que transcurre desde que ocurrió un evento que debe ser tratado por el proceso hasta que este empezó a ejecutarse.

Exponential backoff

Exponential backoff es la técnica usada por redes como Ethernet y WiFi para calcular el tiempo de espera para reenviar una trama después de una colisión. El término *backoff* se refiere a la espera sin *interferir*; *exponential* a que el límite del tiempo de espera se duplica en cada *fallo*. El tiempo efectivo de espera de cada proceso es un número aleatorio entre 1 y el límite[6].

El siguiente es el código en C usado en los ejemplos, provoca esperas de tiempos que se duplican con cada incremento del valor de `failures`:

```c
#define FAILURES_LIMIT 12
void backoff(int failures) {
    struct timespec deadline = {.tv_sec = 0};
    unsigned limit;

    if (failures > FAILURES_LIMIT) {
        limit = 1 << FAILURES_LIMIT;
    } else {
        limit = 1 << failures;
    }

    deadline.tv_nsec = 1 + rand() % limit;
    clock_nanosleep(CLOCK_REALTIME, 0, &deadline, NULL);
}
```

En cada iteración fallida del *spinlock* el proceso incrementa el contador de fallos (`failures`) y llama a la función `backoff`. Esta calcula el límite (`limit`) con desplazamiento de bits. Cada posición desplazada multiplica por dos desplazando el bit 1 hacia la izquierda con un máximo de 12 posiciones, unos 4096 nanosegundos. Luego se calcula el tiempo que esperará con un número aleatorio entre 1 y el límite.

```
    mutex = 0

def lock():
    failures = 0

    while mutex or TAS(mutex):
        failures += 1
        backoff(failures)
```

El problema con el *backoff* es la elección de la unidad de tiempo y el límite de espera, los valores adecuados dependen de las arquitecturas y casos de uso. Si la espera es muy breve podría producir un efecto ping-pong similar a `sched_yield`, pero con una sobre-

---

[6] Se usa un número aleatorio para evitar que todos los procesos reintenten simultáneamente.

carga mayor del núcleo[7]. Por el contrario, si la unidad es muy grande producirá demoras innecesarias y CPUs inactivas porque todos los procesos están bloqueados.

Sin embargo, la mejora del *backoff* es general para todos los procesadores probados, tanto en tiempos de CPU como de retorno[8] (en los procesadores Intel la diferencia es importante, en ARM es mínima).

Los programas completos están en `test_and_set_backoff.c`, `swap_backoff.c` y `compare_and_swap_backoff.c`, también en el directorio `spinlocks/`.

5.2.4. Tiempos de ejecución

A continuación tres gráficas que representan los tiempos de CPU de los diferentes algoritmos en procesadores distintos. Cabe recordar que el ejemplo que usamos –hilos que solo incrementan un contador compartido– es muy extremo. Aunque la sección crítica es muy breve, lo único que hacen es entrar y salir continuamente sin ejecutar código fuera de ella; implica que la competencia es extremadamente elevada y muy lejos de ser un caso realista. Pero nos sirve para tener una base de comparación.

También hay que tener en cuenta que los ejemplos están programados con los macros atómicos de GCC. Estos no generan el código más eficiente para cada arquitectura. Por ejemplo, para ARM los macros de barreras de memoria siempre generan una barrera completa, aunque se haya especificado una barrera *release*. La solución es programar en ensamblador de la arquitectura, como se hace en el núcleo de los sistemas operativos. Pero este nivel de optimización supera los objetivos de este libro.

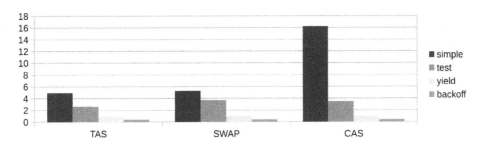

Figura 5.2. Intel i5 cuatro núcleos

---

[7] El proceso pasa de ejecución a bloqueado, luego a *listo* y nuevamente a ejecución en un tiempo muy breve.

[8] Me sorprendió, no esperaba que mejore al *yield*, y menos por el sobrecoste de lo cálculos de *backoff* más la transición breve por el estado *bloqueado*.

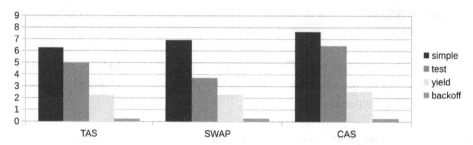

Figura 5.3. Intel Xeon 16 núcleos

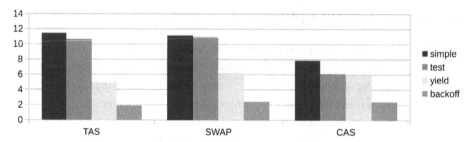

Figura 5.4. ARMv7 Raspberry Pi 2 cuatro núcleos

Algunos aspectos que vale la pena destacar:

- El buen comportamiento y uniformidad de ARM para todas las instrucciones, sobre todo porque se emulan con el *LL/SC*. En ambas versiones del procesador, ARMv6 y ARMv7 (de Raspberry Pi 1 y 2 respectivamente), *CAS* es la más eficiente.

- En las plataformas con varios procesadores `sched_yield` y `backoff` producen reducciones de tiempos importantes, incluso cuando el número de procesos concurrentes (cuatro) es igual al número de procesadores. La mejora no se debe solo a la reducción de uso de la CPU; también por las reducción de llamadas a instrucciones de sincronización y a la menor presión sobre el sistema de coherencia de caché[9]. La reducción de la presión al sistema de caché fue el objetivo del estudio de los *spinlocks escalables* que vemos más adelante.

Tiempos de CPU vs tiempos de reloj

En los análisis anteriores usamos tiempos de CPU, no el tiempo de retorno. ¿Cuál es más representativo o útil? Es una duda razonable.

---

[9]Puedes hacer la prueba, en la versión de *backoff* reemplaza el `clock_nanosleep` por un bucle como `for (i = 0; i < limit; i++);` y verás que se produce también una reducción importante.

El tiempo de CPU es útil para conocer efectivamente cuánto cálculo real requieren[10], pero no nos da información sobre *cuánto tarda* la ejecución. Por ejemplo, con más procesadores se consume más CPU, aunque el tiempo de retorno se haya reducido.

La duda es mayor cuando se analiza la conveniencia de usar *yield* y *backoff*. Sabemos que lo más probable es que el consumo de ciclos de CPU en la espera activa se reducirá, pero también que aumentará la carga del núcleo por los cambios de contexto. Sin tener los datos de tiempos de retorno no podemos estar seguros que realmente se ejecuten *más rápido*.

Intento evitar el exceso de gráficos, pero valía la pena mostrar estos tiempos. En los siguientes se puede observar el tiempo de retorno (medido en *tiempo de reloj*) de los algoritmos anteriores.

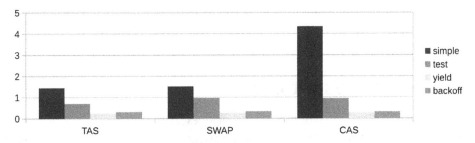

Figura 5.5. Tiempos de retorno Intel i5 cuatro núcleos

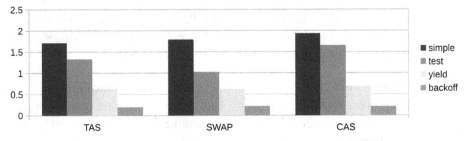

Figura 5.6. Tiempos de retorno en Intel Xeon 16 núcleos

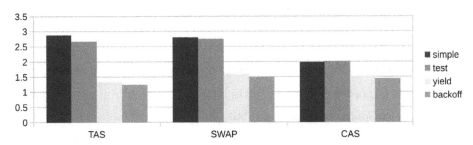

Figura 5.7. Tiempos de retorno en ARMv7 de Raspberry Pi 2 cuatro núcleos

---

[10] Es una medida importante, por ejemplo para reducir el consumo de batería en móviles.

Aún en arquitecturas tan diferentes, la cesión del procesador representa una reducción importante de tiempo de CPU y de retorno. La mayor diferencia a favor del *backoff* ocurre en el Xeon de 16 núcleos. Este tiene más núcleos que procesos concurrentes, por lo que un *yield* solo hace que un proceso abandone el procesador para que el *scheduler* lo lleve inmediatamente a ejecución en otro núcleo (depende de los algoritmos de *afinidad de CPU*). También pudo ocurrir que la unidad de tiempo elegida (un nanosegundo) haya sido más adecuada para el Xeon que para el ARM, a pesar de ello se ganan unos pocos milisegundos.

Cesión del procesador

Las esperas activas ya son suficientemente malas si no son imprescindibles. A menos que se trate de rutinas críticas del núcleo o un sistema de tiempo real medido y calibrado casi al nivel de instrucciones, es conveniente usar *yield* o *backoff* exponencial en los *spinlocks* con mucha competencia. Esta regla es válida aún cuando parezca que sobran procesadores.

5.3. Lectores-escritores

En aplicaciones reales, la mayoría de las operaciones sobre la memoria son lecturas. En estos casos lo importante es que estas sean consistentes. En los ejemplos –un único contador entero– no existe el problema de lectura inconsistente: las palabras de 32 bits son registros atómicos en las arquitecturas modernas de 32 o más bits, si un proceso lee la variable siempre obtendrá el último valor escrito. Para estructuras de mayor tamaño –o para acceder a ficheros o dispositivos externos– hay que imponer restricciones para que la memoria no sea modificada cuando otros procesos la están leyendo.

La solución de exclusión mutua no es la más adecuada, la *serialización* de los accesos de solo lectura provoca esperas innecesarias. Una de las relajaciones más importantes a las condiciones de la exclusión mutua es que se permita más de un lector en la sección crítica. Estos algoritmos son conocidos como lectores-escritores (*reader-writer*).

Las condiciones que deben cumplir son:

- Se permite más de un lector en la sección crítica.
- Mientras haya un lector en la sección crítica no puede entrar ningún escritor.
- Los lectores no pueden entrar si hay un escritor en la sección crítica.
- Solo puede haber un escritor en la sección crítica.

Así como la exclusión mutua tiene un protocolo de entrada (*lock*) y otro de salida (*unlock*), los de lectores-escritores necesitan distinguir entre ellos con protocolos diferenciados: *reader_lock*, *writer_lock*, *reader_unlock* y *writer_unlock*.

El siguiente algoritmo es relativamente simple (`rw_lock.c`), está implementado con las instrucciones *CAS* y *get&add*. Se usa una variable global entera *mutex* como en los algoritmos anteriores, pero el bit más significativo se reserva para indicar si un escritor está en la sección crítica. Los bits restantes se usan para contar el número de lectores, para un entero de 32 bits se permiten hasta 2^{31} lectores [11].

Los lectores primero esperan a que no haya ningún escritor, luego incrementan el número de lectores e intentan hacer el *CAS*. Si fue posible entran a la sección crítica, caso contrario vuelven a intentar desde el inicio del bucle.

Entrada y salida para lectores

```
            rw_lock = 0                      ❶

def reader_lock():
    while True:
        while rw_lock & 0x80000000:  ❷
            pass
        old = rw_lock & 0x7fffffff   ❸
        new = old + 1                ❹
        if CAS(rw_lock, old, new):   ❺
            return


def reader_unlock():
    getAndAdd(rw_lock, -1)           ❻
```

❶   La variable global `mutex`, en el ejemplo es de 32 bits.
❷   Verifica si el bit más significativo es 1, si es así hay un escritor e itera hasta que sea 0.
❸   No hay escritores, obtiene el número de lectores.
❹   Incrementa el número de lectores.
❺   Si `rw_lock` no fue modificado, *CAS* almacenará el nuevo valor. Si `rw_lock` fue modificado volverá al inicio del `while` y lo intentará nuevamente.
❻   Decrementa atómicamente el número de lectores.

Los escritores primero esperan a que no haya otro escritor en la sección crítica, luego ponen el bit más significativo en 1 e intentan el intercambio con *CAS*. Si no fue posible vuelven a intentarlo desde el principio. Si fue satisfactorio esperan a que no queden lectores para entrar a la sección crítica.

Entrada y salida para escritores

```
def writer_lock():
```

---

[11] Es un número muy elevado y puede reducirse a enteros más pequeños pero en las mediciones de tiempo no encontré diferencias favorables.

```
    while True:
        while rw_lock & 0x80000000:      ❶
            pass
        old = rw_lock & 0x7fffffff       ❷
        new = old | 0x80000000           ❸
        if CAS(rw_lock, old, new):       ❹
            while rw_lock & 0x7fffffff:   ❺
                pass
            return


def writer_unlock():
    rw_lock = 0      ❻
```

❶   Verifica el bit más significativo e itera hasta que no haya ningún escritor.

❷   Obtiene el número de lectores actuales.

❸   Calcula el nuevo valor, será el número de lectores con el bit más significativo en 1 indicando que hay un escritor.

❹   Si el valor tomado de `rw_lock` no cambió se almacena el nuevo, caso contrario vuelve al principio del `while` para reintentar.

❺   Espera que salgan todos los lectores, los siguientes ya no podrán entrar porque el bit más significativo está en 1.

❻   Para salir solo debe poner `rw_lock` en cero ya que no quedan lectores ni escritores en la sección crítica.

Una característica importante de los algoritmos de lectores-escritores es la prioridad de unos y otros. Si lo que interesa es *rendimiento* (*throughput*) y lecturas muy rápidas, es mejor dar prioridad a los lectores. Si interesa que las actualizaciones sean rápidas y acceder a los últimos valores lo antes posible, es mejor usar algoritmos que den prioridad a los escritores. El problema es el riesgo de inanición de los de menor prioridad, aunque hay algoritmos que aseguran equidad los más comunes dan prioridad a uno de ellos ([MCS2]).

Queda a ejercicio del lector encontrar si este algoritmo da prioridad a los lectores o escritores[12].

5.4. *Spinlocks* equitativos

Los algoritmos con instrucciones de hardware anteriores no cumplen uno de los requisitos deseables de la exclusión mutua, asegurar espera limitada. Aunque estadísticamente no

---

[12] ¡Seguro que no lo has pensado! este algoritmo da prioridad a los escritores. Cuando un escritor desea entrar a la sección crítica pone en 1 el bit más significativo, independientemente del estado y número de lectores. Esto hace que los siguientes lectores deban esperar hasta que el escritor haya entrado y salido.

se pueden producir esperas infinitas[13], presenta problemas de equidad: unos procesos pueden retrasarse más que otros. Por ejemplo, en 2008 se detectó este efecto en el núcleo de Linux ([Corbet1], [Corbet2]):

> En un Opteron con 8 núcleos (2 procesadores), la injusticia de los *spin-locks* es extremadamente notable, con un test en espacio de usuario se obtienen diferencias de tiempo de CPU de hasta 2 veces por hilo, y mientras algunos hilos sufren inanición a otros se les garantiza el *lock* hasta 1 000 000 (!) de veces.

> — Nick Piggin

Para evitarlo hay que usar algoritmos que aseguran que los procesos entran a la sección crítica en el orden que llegaron (*FIFO*).

5.4.1. *Ticket-lock*

Una solución sencilla la hemos descubierto al introducir la instrucción *get&add*. La idea es la misma que el algoritmo de la panadería solo que la obtención del número se hace con esta operación atómica. Así se evita que los procesos puedan seleccionar el mismo número.

Se usan dos variables: la secuencia creciente de números y el turno. Un proceso obtiene su número y luego espera por su turno. Cuando sale de la sección crítica incrementa el turno para que entre el siguiente proceso.

El código en C (`ticket_lock.c`) de este algoritmo es idéntico al anterior de *get&add*, para hacerlo más eficiente se unificaron ambas variables en una única estructura de 32 bits: 16 bits para `turn` y `number` respectivamente. Con ejecuciones extensas número y turno llegarán hasta 2^{16} y rotarán.

```
struct tickets {
    uint16_t turn;
    uint16_t number;
};
```

5.4.2. Lectores-escritores equitativo

Con la base el algoritmo *ticket-lock* se puede implementar un algoritmo de lectores-escritores equitativo. Se necesitan dos registros diferentes para los turnos, uno para lectores y otro para escritores. El esquema de la estructura es la siguiente:

---

[13]En miles o centenares de miles de iteraciones es extremadamente improbable que nunca le toque a un proceso.

ticket_rw

number	combined	
	writer_turn	reader_turn

En C (`ticket_rw_lock.c`) se define de la siguiente forma:

```
struct ticket_rw {
    uint16_t number;
    union {
        uint32_t combined;
        struct {
            uint16_t writer_turn;
            uint16_t reader_turn;
        };
    };
};
```

El campo `number` es similar al algoritmo *ticket-lock*: `writer_turn` y `reader_turn` indicarán los turnos para escritores y lectores respectivamente. Ambas variables serán incrementadas para permitir que entren lectores o escritores de forma equitativa. El orden en que se haga la suma dejará entrar a unos o a otros:

1. Un lector dará paso a otros lectores en cuanto haya entrado a la sección crítica, permitirá la entrada de escritores cuando haya salido.

2. Un escritor solo dará el turno a otros lectores o escritores cuando salga de la sección crítica.

Se define el campo `combined` que incluye a ambos turnos, así se puede asignar a ambos simultáneamente en una única operación atómica. Para el desarrollo del algoritmo suponemos una variable global `rw_local` del tipo o clase `ticket_rw`.

Entrada y salida para escritores

```
def writer_lock():
    number = getAndAdd(rw_lock.number, 1) ❶
    while number != rw_lock.writer_turn:  ❷
        pass
```

❶   El escritor obtiene su número.
❷   Espera a que sea su turno.

```
def writer_unlock():
```

```
tmp.writer_turn = rw_lock.writer_turn + 1 ❶
tmp.reader_turn = rw_lock.reader_turn + 1 ❷
rw_lock.combined = tmp.combined          ❸
```

❶❷ Incrementa el turno para lectores y escritores en una variable temporal.

❸ Asigna atómicamente ambos turnos. Cuando el escritor sale de la sección crítica debe poder entrar el siguiente lector o escritor, por lo tanto, incrementa ambas variables.

Entrada y salida para lectores

```
def reader_lock:
    number = getAndAdd(rw_lock.number, 1)  ❶

    while number != rw_lock.reader_turn:   ❷
        pass
    rw_lock.reader_turn++                  ❸
```

❶ El lector obtiene su número.

❷ Espera su turno.

❸ Cuando entró incrementa el turno de lectores para que pueda entrar el siguiente lector. Este hará lo mismo, así puede haber varios lectores en la sección crítica [14].

```
def reader_unlock:
    getAndAdd(rw_lock.writer_turn) ❶
```

❶ El lector al salir incrementa el turno de escritor por si el siguiente es uno de ellos. No hace falta incrementar el turno de lectores, ya lo hizo al entrar a la sección crítica.

El algoritmo es equitativo, los procesos entran en el orden en que obtuvieron su número independientemente de que sean lectores o escritores. Los lectores incrementan el turno de lectores inmediatamente, si el siguiente proceso es un escritor ningún lector podrá entrar. Estos esperarán hasta que entre el escritor que tiene el turno y a su salida incremente el turno dando oportunidad de entrada a un lector o escritor.

5.5. *Spinlocks* escalables

Es deseable que los *spinlocks* sean escalables: el número de invalidaciones de caché (generan *fallos de caché*, también llamados *cache bouncing* o *cache thrashing*) debe ser constante, independientemente del número de procesos o procesadores involucrados. La forma de lograrlo es que cada proceso itere sobre posiciones de memoria diferentes.

---

[14] No hace falta que la suma se haga con operaciones atómicas ya que solo un lector puede ejecutarla, el siguiente no entra hasta que haya sido incrementada.

5.5.1. *Array-lock*

La solución es que cada proceso tenga su propia posición en un array de *locks* inicializados a cero; salvo la primera posición que se inicializará con 1 para que el primer proceso pueda entrar. La posición del último proceso en espera está indicada por la variable `tail` (también inicializada a cero). Cada proceso obtiene su posición con la operación *get&add* sobre `tail`.

La variable que indica si un proceso puede entrar es booleana, usa un único byte. Para evitar el *false sharing* hay que separar las posiciones por varios bytes. Para ello se define una estructura de mayor tamaño, con un campo de un byte para la verificación. La alternativa equivalente es definir un array con posiciones que no se usarán, solo servirán de relleno (*padding*).

La siguiente figura es un esquema general del funcionamiento. Las zonas grises del array son las variables booleanas de verificación en el *spinlock* de cada proceso. Las zonas blancas son el relleno o *padding*. El proceso en verde está en la sección crítica, los amarillos en espera activa en su posición del array.

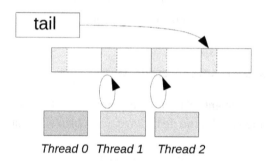

Figura 5.8. Estructura de *array-lock*

Thread 0 ya entró en la sección crítica, *Thread 1* y *Thread 2* esperan verificando el estado de sus respectivas posiciones en el array, `tail` apunta a la siguiente posición. Cuando *Thread 0* salga de la sección crítica cambiará el estado de `flag[1]` y podrá entrar *Thread 1*.

La inicialización (en C) es la siguiente:

```c
#define PADDING 32
char flag[NUM_THREADS * PADDING];
int tail;
...
    flag[0] = 1;
```

Si hay cuatro hilos máximo la dimensión del array será 4 * 32 (128 bytes en total). El cálculo de la posición real (my_index) requiere de una multiplicación y módulo. El algoritmo simplificado es el siguiente (el código completo en array_lock.c):

```
def lock(my_index):
    slot = getAndAdd(tail, 1)
    my_index = (slot % NUM_THREADS) * PADDING
    while not flag[my_index]:
        pass
    flag[my_index] = 1


def unlock(my_index):
    next = (my_index + PADDING) % SIZE
    flag[next] = 1;
```

Este algoritmo también es equitativo, los procesos entran en orden FIFO. Solo requiere la instrucción atómica *get&add*. Según la bibliografía especializada ([Herlihy12]), se evita el *false sharing* y por lo tanto es más eficiente que *ticket-lock*. Analizaremos cuánto hay de verdad más adelante.

5.5.2. MCS *Spinlock* (1991)

Una estrategia para disminuir la presión sobre la caché es hacer que las esperas activas se hagan sobre una variable local de cada proceso. Así se asegura que no se comparten líneas de caché. Tampoco habrá penalización si la variable del *spinlock* está próxima a otras variables locales, pueden compartir las misma líneas de cache pero no están compartidas con los otros procesos.

El algoritmo de cola MCS[15] fue descubierto[16] en 1991 por John M. Mellor-Crummey y Michael L. Scott ([MCS1]). Se considera uno de los algoritmos más importantes e influyentes de exclusión mutua, sus autores recibieron el premio *Edsger W. Dijkstra Prize in Distributed Computing* de 2006.

Algoritmos derivados, conocidos como *colas sin exclusión mutua* (*lock-free queues*), son muy usados en librerías *runtime* y maquinas virtuales, como en los *monitores* de la máquina virtual de Java (Sección 8.1, "Monitores en Java") y en las librerías java.util.concurrent ([Lea]).

Cada proceso hace la espera activa en su propia posición de memoria. En lugar de un array se usa una lista ordenada FIFO. Cada nodo *pertenece* a un proceso que espera para

---

[15] El nombre *MCS* son las iniciales de los apellidos los autores.

[16] Siempre tengo la duda –no soy el único– de si a los algoritmos son inventados o descubiertos, uso indistintamente ambas dependiendo e influido por el tipo de algoritmo o lo que leí de otros autores.

entrar a la sección crítica. Para implementar MCS se requieren las operaciones atómicas *swap* y *CAS*. Es rápido, equitativo (FIFO) y no necesita asignación previa de memoria (como en *array-lock*). Los hilos deben pasar como argumento la dirección de un nodo, preferiblemente local para evitar el *false sharing*.

Cada nodo tiene la siguiente estructura:

```c
struct mcs_spinlock {
    struct mcs_spinlock *next;
    unsigned char locked;
};
```

El campo `next` es un puntero al nodo del siguiente proceso en la cola de espera. El campo `locked` es una variable booleana, será 1 si el proceso debe esperar, o 0 cuando puede entrar a la sección crítica. Cada proceso verifica su propia variable, el que sale de la sección crítica actualiza el campo del siguiente en la cola.

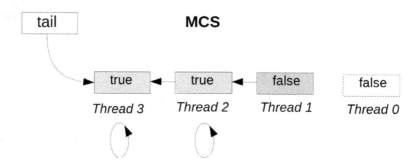

Figura 5.9. Cola MCS

En la figura anterior se representa al hilo *Thread 0* que ya salió de su sección crítica; *Thread 1* está en ella; el siguiente en la cola es *Thread 2*; el último es *Thread 3*. Cada uno de los procesos en espera activa verifica el campo `locked` de su nodo local. La variable `tail` apunta al último proceso en la cola, si no hay ningún proceso será `NULL`.

El siguiente es el código en C (`mcs_spinlock.c`) simplificado del algoritmo [17]:

Nota

Disculpas por las largas explicaciones en las leyendas, no tenía sentido hacerlo de otra manera. Este algoritmo, y sobre todo el siguiente, son breves pero complejos y abstractos. No hay otra manera de entenderlos, hay que leer y estudiar el código con paciencia y concentración.

---

[17] Dada la importancia de manipular punteros en este algoritmo y el siguiente consideré más apropiado mostrar en *pseudocódigo C*.

```
void lock(mcs_spinlock *node) {
    mcs_spinlock *predecessor;

    node->next = NULL;
    node->locked = 1;                   ❶
    predecessor = node;                 ❷
    predecessor = SWAP(&tail, node);    ❸
    if (predecessor != NULL) {          ❹
        predecessor->next = node;       ❺
        while (node->locked);           ❻
    }
    node->locked = 0;
}
```

❶ Inicialización del nodo, `locked` se pone en *verdadero*.

❷❸ Preparación para el *swap*, `predeccesor` apunta inicialmente al nodo actual. Cuando se haga el intercambio, si había un proceso esperando o en la sección crítica `predecessor` apuntará al nodo de ese proceso, caso contrario será `NULL`.

❹❺ Si hay otro proceso hará que su campo `next` apunte al nodo actual.

❻ Espera activa hasta que el predecesor cambie el estado de `locked` a falso.

```
void unlock(mcs_spinlock *node) {
    mcs_spinlock *last;

    if (! node->next) {
        last = node;                        ❶
        if ( CAS(&tail, &last, NULL) ) {    ❷
            return;                         ❸
        } else {
            while (! node->next);           ❹
        }
    }
    node->next->locked = 0;                 ❺
}
```

❶❷ Si `next` del proceso actual es `NULL` entonces podría ser el último de la cola; prepara `last` para hacer el *CAS*.

❸ Se pudo hacer el intercambio, significa que no hay competencia, retorna sin hacer nada más; el puntero `tail` valdrá `NULL`.

❹ Si no se pudo hacer el intercambio, hay un proceso que está ejecutando el `lock` pero todavía no ejecutó la instrucción `predecessor→next = node`. Se espera hasta que lo haga.

❺ Se ejecuta solo si había un proceso esperando, en este caso asigna 0 al campo `locked` de su nodo para que pueda continuar.

Barreras de memoria

En el código C de algunos de los algoritmos se usa `thread_fence` o `store_n` para introducir barreras de memoria explícitas. La necesidad de barreras no se menciona en la bibliografía o los artículos científicos citados, pero son necesarias por lo explicado en Capítulo 3, *La realidad del hardware moderno*: aunque el sistema de caché sea coherente aún se pueden producir ejecuciones de instrucciones fuera de orden.

Si algunos *caminos* del protocolo de salida (`unlock`) no ejecutan ninguna instrucción atómica no habrá barreras de memoria. Puede ocurrir que instrucciones de la sección crítica se ejecuten después de haber superado la salida.

Durante las pruebas y validación del código comprobé que en algunos procesadores se manifestaba esta condición de carrera, en particular con el ARMv7 de Raspberry Pi 2. Preferí mostrar la versión simplificada en estas páginas, pero la versión completa y correcta para todas las arquitecturas en el listado del código fuente.

5.5.3. CLH *Spinlock* (1993)

Una par de años después de la publicación del algoritmo de *MCS*, dos grupos descubrieron el *CLH* de forma independiente: Travis Craig de la Universidad de Washington ([Craig]) y Anders Landin y Eric Hagersten del Instituto Sueco de Ciencias de la Computación ([CLH]).

Como el *MCS*, este algoritmo también está basado en una cola y es equitativo, pero los punteros son en sentido inverso. Apuntan al proceso con el turno anterior, no al siguiente.

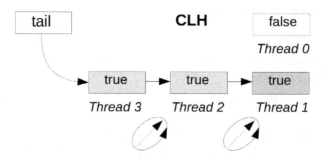

Figura 5.10. Cola CLH

El algoritmo es breve pero más complejo. Tiene más niveles de indirección[18] y, a diferencia de *MCS*, los procesos verifican el estado de una variable en el nodo predecesor. Sus ventajas son:

- Como *MCS*, la espera activa se hace sobre variables independientes, aunque no necesariamente locales a cada proceso.

- Solo requiere la instrucción atómica *get&set*.

- La memoria de los nodos puede ser gestionada independientemente. Los procesos pueden proveer un nodo a una dirección estática, o puede gestionarlo el propio módulo de *spinlocks*.[19]

- Puede ser adaptado a sistemas sin coherencia de caché.

La estructura de cada nodo es similar a *MCS*:

```
struct clh_node {
    unsigned char locked;
    struct clh_node *prev;
};
```

A diferencia de *MCS*, se debe comenzar con un nodo inicializado *sin propietario* y la variable `tail` apuntando a dicho nodo.

Por ejemplo:

```
struct clh_node lock_node;         ❶
struct clh_node *tail = &lock_node; ❷
```

❶   El nodo *sin propietario*.
❷   `tail` apunta inicialmente a ese nodo.

La versión simplificada del algoritmo en C (`clh_spinlock.c`) es la siguiente:

```
void lock(clh_node *node) {
    clh_node *predecessor;

    node->locked = 1;                    ❶
    node->prev = getAndSet(&tail, node); ❷
    predecessor = node->prev;            ❸
    while (predecessor->locked);         ❹
}
```

[18] Se opera sobre las direcciones de memoria de punteros de memoria.
[19] Por ejemplo, haciendo `malloc` en el `lock` y `free` del nodo que ya no se usa en el `unlock`.

❶   Se almacena al nodo actual como `locked`, este campo será verificado por el siguiente
      proceso que pretenda entrar a la sección crítica.

❷❸   Se obtiene la dirección de `tail`, indica cuál es el predecesor del proceso actual y se
      almacena en `tail` la dirección del nodo actual. El valor que tenía `tail` se almacena
      en el campo `prev` (es el puntero al nodo del proceso anterior) y se hace una copia
      en `predecessor`.

❹   Se hace la espera activa sobre el campo `locked` del nodo anterior, cuando sea falso
      el proceso actual podrá continuar.

```
void unlock(clh_node **node) {
    clh_node *pred;
    clh_node *tmp;

    pred = (*node)->prev;  ❶
    tmp = *node;           ❷
    *node = pred;          ❸
    tmp->locked = 0;       ❹
}
```

❶   Se hace una copia del puntero al nodo del proceso anterior (sobre el que este proceso
      iteró en el `lock`).

❷   Se hace una copia temporal para no perder la dirección del nodo actual.

❸   El puntero que apuntaba al nodo del proceso actual ahora apuntará al del predecesor.
      Se podría liberar esa memoria pero en estos ejemplos la reciclamos para no hacer
      `malloc/free` en cada `lock` y `unlock`.

❹   Se almacena falso en el campo `locked` del nodo actual, el proceso que está a conti-
      nuación en la cola podrá entrar a la sección crítica.

5.6. Análisis de tiempos de ejecución

Ticket-lock es un algoritmo equitativo muy utilizado pero no es *escalable*, los procesos
verifican la misma posición de memoria. La respuesta es usar un array, además con posiciones de relleno (*padding*) para evitar el *false sharing*. Algunos autores proponen que el
relleno complete el tamaño de una palabra (cuatro u ocho bytes), otros que sean de mayor
longitud para que no compartan líneas de caché.

¿Cuál es la separación apropiada?, depende de la arquitectura, es difícil saber a priori cuál
es la mejor para cada una. Depende de muchos factores, el tipo de instrucción, los canales
de comunicación para sincronización, o el mecanismo de monitorización de los registros
de *LL/SC* (en las arquitecturas que lo implementan).

Para tomar una decisión informada hice pruebas con diferentes procesadores y tamaños
de relleno. La siguiente figura muestra los tiempos de CPU de cada procesador para dife-

rentes tamaños. El eje horizontal muestra la separación entre las diferentes posiciones del array (desde 2 a 256 bytes) y el vertical el tiempo de CPU en segundos.

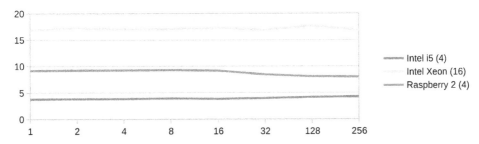

Figura 5.11. Diferentes tamaños de relleno

En Intel Xeon e i5 los tiempos son constantes, en Raspberry Pi 2 se produce un descenso importante a los 16 y 32 bytes. Para hacer una comparación razonable elegí un relleno de 32 bytes.

En las dos imágenes a continuación se muestran los tiempos comparados de CPU y tiempo de reloj para los algoritmos *ticket-lock*, *array-lock*, *MCS* y *CLH*.

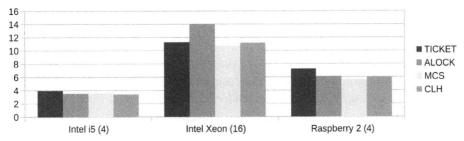

Figura 5.12. Ticket-lock vs array-lock vs MCS vs CLH

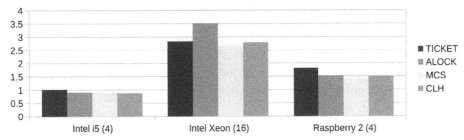

Figura 5.13. Tiempos de retorno

En las arquitecturas modernas no hay demasiada diferencia entre *ticket-lock* y *array-lock*, de hecho en Intel Xeon esta última es peor. Además, *array-lock* necesita más espacio – una palabra más el relleno por cada proceso concurrente– que hay que reservar desde el principio (como en el algoritmo de la panadería), mientras que *ticket-lock* solo requiere una palabra.

En general *MCS* y *CLH* son los más eficientes en tiempos de CPU, pero la diferencia no es considerable. Como *array-lock*, también requieren más espacio: un nodo por cada proceso activo, aunque la asignación puede ser dinámica y solo cuando se necesita. Esta es una de las razones por la que *ticket-lock* sigue siendo el *spinlock* preferido en el núcleo de Linux.

Muchos artículos afirman que *CLH* es mejor que *MCS*, aunque en los procesadores probados la diferencia es despreciable y en algunos casos es a peor[20]. La ventaja de *CLH* es la mayor flexibilidad para gestionar la memoria, puede hacerse en las propias funciones lock y unlock de forma transparente a los procesos.

5.7. Recapitulación

Comenzamos con las optimizaciones básicas a *spinlocks* construidos con las instrucciones de hardware de capítulo anterior. La primera fue agregar un control *local* a la variable compartida para evitar consumir ciclos con instrucciones más complejas. Esta solución no requiere nada especial ni cambia el estado del proceso.

A continuación vimos dos optimizaciones que sí cambian el estado del proceso, son adecuadas cuando se puede permitir que el proceso en el *spinlock* abandone el procesador[21]. Ambas soluciones mejoran mucho la eficiencia, tanto en tiempos de CPU como de retorno.

Luego vimos la implementación de lectores-escritores con *spinlocks*. Este mecanismo es muy común, lo volveremos a ver implementado con otras técnicas en capítulos posteriores. Su utilidad se basa en que las actualizaciones son menos frecuentes que las lecturas, interesa relajar las restricciones de exclusión mutua para permitir *mayor concurrencia*.

A continuación se introdujo el tema de los *spinlocks* equitativos (*fair*). Estos aseguran que los procesos entran a la sección crítica en el orden que llegan (FIFO), se puede demostrar formalmente que no se produce inanición (*starvation*).

El primer algoritmo fue *ticket-lock*, basado en las mismas ideas del algoritmo de la panadería. Cada proceso obtiene un *número* único y creciente que sirve para sincronizar la entrada a la sección crítica mediante un turno que también crece monótonamente. A continuación extendimos este algoritmo para lectores-escritores, que además tiene la propiedad de ser equitativo.

Finalmente, vimos dos algoritmos fundamentales de concurrencia que implementan *colas sin exclusión mutua* (*lock-free queues*), *MCS* y *CLH*. Ambos son equitativos y escalables,

---

[20]También hay que aclarar que las diferencias sí pueden ser importantes en sistemas con más procesadores.

[21]No suele ser el caso en rutinas del núcleo del sistema operativo o gestores de interrupciones.

no incrementan la presión sobre el sistema de caché cuando se incrementa el número de procesos. Estos algoritmos funcionan sobre sistemas de caché coherentes, pero hay modificaciones que permiten que sean usados en sistemas no coherentes y en arquitecturas NUMA.

A partir del siguiente capítulo veremos construcciones y abstracciones de más alto nivel. Sus objetivos son evitar las esperas activas y facilitar la programación de mecanismos de sincronización más sofisticados que la exclusión mutua.

Capítulo 6. Semáforos

El concepto de semáforos fue el primero en solucionar problemas de sincronización sin espera activa. Lo inventó Edsger W. Dijkstra a finales de la década de 1960 ([Dijkstra74]), aunque las primeras ideas aparecieron a principios de la misma década ([Dijkstra35]). Está inspirado en las señales visuales ferroviarias[1] que indican si un tren está habilitado para entrar en una vía. Es una construcción sencilla y eficiente que permite solucionar problemas genéricos de sincronización entre procesos.

Los mecanismos de sincronización vistos hasta ahora no requieren la colaboración del sistema operativo, funcionan directamente sobre el *hardware desnudo*. En cambio, los semáforos se implementan habitualmente como servicios del núcleo de los sistemas operativos. Estos tienen la capacidad de bloquear y planificar para ejecución de los procesos e hilos. Bloquear a un proceso hasta que pueda continuar su ejecución no necesita de funcionalidades adicionales sofisticadas, los sistemas operativos hacen lo mismo para todas las operaciones de entrada-salida. En el caso de semáforos, los procesos se bloquean o ejecutan condicionados únicamente por el valor que tiene una variable entera. Una abstracción tan simple como potente.

---

[1] Viene del inglés *semaphore*, no son los semáforos de las calles –estos se llaman *traffic lights*– sino de las señalizaciones ferroviarias *binarias*.

6.1. Definición

Un semáforo es una construcción definida por una variable entera, el *valor* del semáforo, que puede tomar valores no negativos; y una cola de procesos *bloqueados* en el semáforo. La estructura es similar a la siguiente:

```
struct Semaphore {
    unsigned value;
    Queue q;
}
```

Un semáforo puede ser inicializado con un valor no negativo, el siguiente pseudocódigo indica que el valor del semáforo (la variable `value`) es inicializada a 1:

```
Semaphore s = 1
```

Además de la estructura de datos, los semáforos se componen de dos primitivas fundamentales: *P* (de la contracción *prolaag* del holandés *proberen te verlagen*, que significa *intentar decrementar*) y *V* (del holandés *verhoog* o *verhogen*, que significa *incrementar*).

P   Si el contador es mayor que cero lo decrementa, caso contrario bloquea al proceso que la llamó. Actualmente es más conocida como *wait, acquire,* o *lock*.

V   Si hay un algún proceso bloqueado en el semáforo, lo desbloquea. En caso contrario, incrementa el valor de la variable. Esta operación es más conocida como *signal, release,* o *post*.

El algoritmo de ambas[2]:

wait

```
def wait(s):
    if s.value > 0:
        s.value -= 1          ❶
    else:
        add(process, s.queue)
        block(process)        ❷
```

❶   Si es mayor que cero, se decrementa el valor del semáforo.
❷   Si es cero, se bloquea al proceso que llamó a `wait`.

signal

---

[2]En el pseudocódigo uso la notación `objeto.método()` para que sean similares a la mayoría de los ejemplos en Python, programados con las clases de sincronización de `threading`.

```
def signal(s):
    if empty(s.queue):
        s.value += 1            ❶
    else:
        process = get(s.queue)
        sched(process)          ❷
```

❶   Si no hay procesos bloqueados en la cola del semáforo, se incrementa su valor.

❷   Caso contrario, se desbloquea a un proceso.

Las implementaciones de semáforos suelen incluir otras operaciones:

- Asignar un valor inicial al semáforo.

- Obtener el valor del semáforo.

- Intentar *wait* solo si no produce bloqueo del proceso (usualmente llamada *try_lock*).

6.1.1. Exclusión mutua

La implementación de exclusión mutua con semáforos es trivial. Se inicia el semáforo con 1, el preprotocolo es la llamada a wait, el posprotocolo a signal:

```
        Semaphore s = 1

...
s.wait()
critical_section()
s.signal()
...
```

Cuando el primer proceso entre a la sección crítica decrementará su valor y continuará. Si otro proceso desea entrar, el valor de value será cero, por lo que se bloqueará hasta que el primero ejecute el signal.

Los programas de ejemplo (en el directorio semaphores/) incluyen las soluciones al contador con semáforos C (semaphore.c), Python (semaphore.py) y Java (CounterSemaphore.java).

6.1.2. Sincronización genérica

El valor del semáforo puede interpretarse como un indicador del *número de recursos* disponibles –también denominado *permisos* (*permits*)–, indica el número de llamadas que se pueden hacer a *wait* sin provocar el bloqueo del proceso. En exclusión mutua interesa que solo haya un proceso en la sección crítica, así pues, el valor inicial debe ser 1.

Se pueden programar mecanismos más complejos de sincronización usando valores iniciales diferentes. Supongamos un sistema con N procesadores, para evitar cambios de contextos innecesarios se limita a un máximo de N procesos dentro de una sección del programa: solo hay que inicializar el valor del semáforo con N. Este tipo de uso de semáforos, donde se permiten más de uno y hasta N procesos en secciones críticas, se denominan *multiplexes*.

6.1.3. Semáforos binarios

La definición anterior de semáforos permite valores cero y positivos, son denominados *semáforos generales* o *contadores*. Si solo permiten valores 0 y 1, se denominan *semáforos binarios*. Los binarios son equivalentes a los generales, permiten resolver los mismos problemas (con algunas líneas más de código).

Algoritmo de Barz

Con el algoritmo de Barz se pueden simular semáforos generales ([Barz]). Este algoritmo requiere dos semáforos binarios (`mutex` y `gate`) y una variable entera (`value`).

Las funciones `generalWait` y `generalSignal` son las emulaciones genéricas de *wait* y *signal* respectivamente; k es el valor inicial del semáforo. El semáforo `mutex` asegura exclusión mutua para el acceso a `value`. El semáforo `gate` se usa para controlar qué procesos deben bloquearse o desbloquearse según el valor de `value`.

```
        BinarySemaphore mutex = 1
        BinarySemaphore gate = 1
        value = k

def generalWait():
    gate.wait()          ❶
    mutex.wait()
    value -= 1
    if value > 0:
        gate.signal()    ❷
    mutex.signal()

def generalSignal():
    mutex.wait()
    value += 1
    if value == 1:
        gate.signal()    ❸
    mutex.signal()
```

❶ Si no es el primer proceso en entrar a la sección crítica, debe esperar a ser *autorizado* por el proceso anterior.

❷　　Permite que entre otro proceso si el valor es positivo.

❸　　Antes estaba en cero, permite que entre otro proceso.

6.1.4. Semáforos *mutex* y *locks*

Los *semáforos mutex*, también llamados *locks*, son semáforos binarios –o equivalentes– optimizados para ser usados con exclusión mutua[3], con restricciones y propiedades adicionales:

1. Son inicializados a 1.

2. Se añade el concepto de propiedad, solo el proceso que hizo el *wait* puede hacer luego el *signal*.

3. Algunos sistemas permiten que el mismo hilo haga varios *wait*, si ya es el propietario del *lock* continúa su ejecución. Este tipo de semáforos *mutex* se denominan *reentrantes*.

Los *mutex* son muy comunes y los recomendados para exclusión mutua, hay lenguajes como Go que no tienen funciones *nativas* de semáforos generales, solo *mutex* y *lock*. Como con *spinlocks*, a la operación *wait* se la suele llamar *lock*, y *unlock* a *signal*.

Las operaciones y uso son idénticas a la exclusión mutua con semáforos generales. Solo cambian los nombres de las funciones, y que los *mutex* son inicializados automáticamente:

```
        Mutex mutex
...
mutex.lock()
critical_section()
mutex.unlock()
...
```

Mutex de POSIX Threads

En C se pueden usar los *mutex* de las librerías POSIX Threads. Las primitivas son `pthread_mutex_lock` y `pthread_mutex_unlock` (`mutex.c`), no son reentrantes. Go lo ofrece en `Mutex` y `Locker` del paquete `sync` (código de ejemplo en `go_mutex.go`).

En Java se puede usar la clase `ReentrantLock` de `java.util.concurrent.locks` (programa de ejemplo `CounterLock.java`).

---

[3]De allí el nombre *mutex*, de *mutual exclusion*, el mismo nombre usado en los *spinlocks* para exclusión mutua.

Python tiene clases similares, `threading.Lock` y `threading.RLock`.[4] Además de las llamadas tradicionales a `acquire` y `release` (`lock.py`) se puede usar con la cláusula `with` (código fuente completo en `lock_with.py`):

```
for i in range(MAX_COUNT/THREADS):
    with mutex:
        counter += 1
```

6.1.5. Semáforos fuertes y débiles

Cada semáforo tiene asociado una cola de procesos bloqueados y la política de gestión de esta cola es fundamental. Si la cola es FIFO, aseguran espera limitada y equidad; estos semáforos se denominan *semáforos fuertes*. Por el contrario, se denominan *semáforos débiles* (*weak semaphores*) si los procesos se seleccionan aleatoriamente.

 Semáforos en Unix y Linux

Semáforos System V

Este sistema, parte del módulo IPC (*Inter Process Communication*) del UNIX System V, fue el estándar de facto durante muchos años y siguen disponibles en las últimas versiones de Linux y Solaris. Tiene una interfaz (*API*) poco elegante, ineficiente e innecesariamente compleja para los usos más habituales. Se usa cada vez menos desde la definición del estándar *POSIX Semaphores* de 2001.

Los semáforos se obtienen con la función `semget`, que retorna un descriptor de un array de semáforos (puede ser de tamaño uno). Se inicializan y destruyen con `semctl`. Las operaciones *wait* y *signal* se hacen con `semop`. Ambas pueden incrementar o decrementar el valor de cada semáforo del array con valores a discreción, no solo 1 o -1; y hay que especificar siempre un array de valores y el índice al que se aplica cada operación. Esta es la complejidad innecesaria para realizar operaciones simples, pero tiene características interesantes:

- Las operaciones sobre varios semáforos del array son atómicas, facilita la programación de algoritmos complejos sin necesidad de usar *mutex* adicionales.

---

[4]También incluye primitivas similares en el nuevo paquete `asyncio`. La clase `threading.Lock`, al contrario que `threading.RLock`, no tiene control de propiedad, cualquier hilo puede hacer el `release`.

- La primitiva adicional esperar por cero o *wait_for_0*. Como se intuye por su nombre, bloquea a los procesos si el valor del semáforo es diferente a cero, los desbloquea cuando se hace cero.

- Deshacer la última operación, `SEM_UNDO`, si el proceso acaba. Es útil como medida de protección: si un proceso está en la sección crítica y acaba por error, el sistema revierte la última operación.

Semáforos POSIX

Están implementados en Linux desde la versión 2.6, lo usamos en el primer ejemplo de semáforos en C (`semaphore.c`). Es el estándar actual y más usado. Aunque carece de la flexibilidad y operaciones adicionales de los System V, tiene una interfaz más sencilla y más eficiente.

Se pueden crear de dos tipos, *sin nombre* (*unnamed*) y *con nombre* (*named*). El primero es más simple de usar cuando los procesos comparten la memoria, solo hay que declarar una variable del tipo `sem_t` y luego inicializar el valor del semáforo con `sem_init`. Cuando se necesitan para procesos que no comparten memoria, se pueden crear y/o abrir con la función `sem_open` usando un nombre similar a ficheros.

Mutex de POSIX Threads

Las usamos en el ejemplo anterior (`mutex.c`) de semáforos *mutex*. No hay que confundirlos con los semáforos POSIX, en este caso se trata de las librerías POSIX para la implementación de hilos que incluyen mecanismos básicos de sincronización, entre ellos *mutex* y variables de condición (las usamos en Capítulo 8, *Monitores*).

6.2. Sincronización de orden de ejecución

La sección crítica es una abstracción conveniente y sencilla para resolver la competencia de recursos, otro problema común es la coordinación del orden de ejecución de operaciones ([Ben-Ari]). Supongamos dos procesos P y Q, la instrucción Q_j debe ejecutarse solo después de la instrucción P_i, se denota como $P_i < Q_j$. Para que se cumpla esta condición, antes de Q_j hay que asegurar:

- Que continua la ejecución si P_i ya se ejecutó.
- Que se bloquea a Q si P_i todavía no se ejecutó, y se desbloquea una vez que se haya ejecutado.

Para resolverlo se necesita un semáforo (contador o binario) inicializado a cero. Inmediatamente después de P_i, P ejecuta `signal` sobre dicho semáforo. Q llama a `wait` inmediatamente antes de Q_i. Los programas serán similares al siguiente ejemplo:

```
    Semaphore sync = 0

P                   Q

...                 ...
Pi                  sync.wait()
sync.signal()       Qj
...                 ...
```

Este algoritmo con un único semáforo solo permite sincronizar dos procesos, y solo uno puede esperar por el otro.

6.2.1. Barreras

A veces es conveniente desarrollar programas concurrentes que se sincronizan por fases. Los procesos deben esperar que todos acaben la fase actual y comenzar la siguiente simultáneamente. Esta coordinación se logra de forma muy parecida al ejemplo anterior: poniendo *barreras de sincronización* al final e inicio de cada fase.

Barrera
Es un mecanismo de sincronización que obliga a procesos concurrentes (o distribuidos) a esperar a que todos hayan llegado a un punto determinado. Solo podrán continuar cuando todos los procesos hayan llegado a una barrera. El conjunto de los puntos de sincronización se denomina *barrera* ([Taunbenfeld]).

Barreras binarias

Una barrera binaria es una extensión del ejemplo anterior, donde solo uno de los procesos debía esperar por el otro. En cambio, una barrera hace que ambos deban esperar a que el otro acabe una fase para avanzar a la siguiente; además, las barreras pueden usarse cíclicamente.

El algoritmo de barreras para dos procesos es trivial, hacen falta dos semáforos binarios inicializados a cero. El valor de cada semáforo indica si su proceso correspondiente llegó a la *meta*. Cada proceso ejecuta `signal` en su semáforo para indicar que llegó al final de una fase, y luego `wait` en el semáforo del otro proceso.

```
    Semaphore arrived_p = 0
    Semaphore arrived_q = 0

P                       Q

...                     ...
arrived_p.signal()      arrived_q.signal()
arrived_q.wait()        arrived_p.wait()
```

```
    ...                  ...
    arrived_p.signal()   arrived_q.signal()
    arrived_q.wait()     arrived_p.wait()
    ...                  ...
```

Barreras para *N* procesos

La intención de uso de barreras genéricas para un número indeterminado de procesos es poder implementar sincronizaciones cíclicas como la siguiente:

```
    while True:
        do_phase()
        barrier(n)
```

Después de `do_phase` cada proceso esperará a que los demás hayan llegado al mismo punto, solo así podrán continuar con la siguiente. La misma barrera puede ser reusada cíclicamente, también para un número indeterminado de iteraciones.

Estas barreras no pueden implementarse igual que las binarias. Los semáforos son recursos *costosos*, requieren colas y tiempos relativamente elevados para la inicialización. No tiene sentido tener un array de *N* semáforos y hacer *N* operaciones de *wait* y *signal*. Hay que solucionarlo con un número limitado de semáforos, y que no requiera que el número de operaciones de cada proceso sea proporcional al número de procesos concurrentes.

El siguiente algoritmo de *barreras cíclicas* usa dos semáforos binarios, `arrivals` y `departures`, y una variable `counter` incrementada atómicamente[5]. Si no se dispone de este tipo de operaciones atómicas, hay que usar un *mutex* adicional para asegurar exclusión mutua en las modificaciones a `counter` (código Python: `barrier.py`; en Java: `Barrier.java`):

```
    Semaphore arrival = 1
    Semaphore departure = 0
    counter = 0

def barrier(n):
    arrival.wait()
    getAndAdd(counter, 1)
    if counter < n:
        arrival.signal()          ❶
    else:
        departure.signal()        ❷
```

---

[5] Por ejemplo con la ya conocida *get&add* o similares como *add&get*. En vez de operaciones atómicas puede usarse un semáforo contador si es posible consultar su valor, en este caso se reemplaza el incremento por *signal* y el decremento por *wait*.

```
departure.wait()              ❸

getAndAdd(counter, -1)
if counter > 0:
    departure.signal()        ❹
else:
    arrival.signal()          ❺
```

❶   Si no llegaron todos los procesos, permite la *llegada* de otro.
❷   Si llegaron todos, autoriza la *salida* de un proceso.
❸   Espera la autorización para continuar.
❹   Si no salieron todos, autoriza la salida del siguiente.
❺   Si llegaron todos, comienza nuevamente el ciclo de *llegadas*.

Sugerencia

Algunos lenguajes implementan barreras similares en sus librerías de concurrencia. En Java y Ruby la clase `CyclicBarrier`, en Go el tipo `WaitGroup` de
`sync`, en Python `threading.Event` puede adaptarse fácilmente para el mismo propósito. Hay una propuesta de estandarización de la misma construcción
para ISO C++ ([Mackintosh]) juntamente con *Latches* (mecanismo que bloquea a los procesos hasta que su contador se hace cero).

6.2.2. Productores-consumidores

El problema de los productores-consumidores es un ejemplo clásico de sincronización
de orden de ejecución. Está presente en casi todos los mecanismos de comunicación, las
tuberías entre procesos y comandos[6], la E/S a dispositivos, comunicaciones por red, etc.

Hay dos tipos de procesos:

Productores
    Produce un nuevo elemento que será transmitido a los consumidores.

Consumidores
    Recibe y consume los elementos transmitidos desde los productores.

Hay dos tipos de productores-consumidores:

Síncronos
    Cuando se produce un elemento, este debe ser consumido para que el productor pueda
    continuar su ejecución.

---

[6]El | entre dos comandos en el shell.

Asíncronos

El canal de comunicación tiene capacidad de almacenamiento, un *buffer*, por lo que no es necesario que los productores esperen a que cada elemento sea consumido. Los productores agregan los elementos a una cola y los consumidores obtienen el primer elemento de esta.

El segundo caso es el más habitual. El uso de un *buffer* permite que productores y consumidores avancen a su propio ritmo; pero requiere sincronización para hacer que los consumidores esperen si el *buffer* está vacío, y los productores si el *buffer* está lleno. Los procesos pueden ser considerados cíclicos, ambos ejecutan un bucle donde añaden o quitan elementos del *buffer*:

Productor

```
while True:
    data = produce()
    buffer.add(data)
```

Consumidor

```
while True:
    data = buffer.get()
    consume(data)
```

Buffer infinito

Aunque no existen las memorias infinitas, ni se puede confiar en que las velocidades relativas de los productores evitarán que el *buffer* supere un tamaño razonable, es un primer paso para la implementación del algoritmo más general.

Como el *buffer* no está limitado el algoritmo no debe comprobar que haya espacio suficiente. Solo debe bloquear a los consumidores si el buffer está vacío, y desbloquearlos cuando hay elementos disponibles. Además del *buffer* compartido se requieren dos semáforos: un `mutex` para asegurar exclusión mutua al insertar o quitar elementos y otro de sincronización (`notEmpty`) para bloquear a los consumidores si el *buffer* está vacío.

```
    Queue buffer
    Semaphore mutex = 1
    Semaphore notEmpty = 0
```

Los siguientes son los algoritmos para los productores y consumidores:

Productor

```
while True:
    data = produce()
```

```
    mutex.wait()
    buffer.add(data)   ❶
    mutex.signal()

    notEmpty.signal()  ❷
```

❶   Agrega un elemento dentro de una sección crítica.

❷   Señaliza el semáforo, su valor será el número de elementos en el *buffer*.

Consumidor

```
while True:
    notEmpty.wait()       ❶

    mutex.wait()
    data = buffer.get()   ❷
    mutex.signal()

    consume(data)
```

❶   Se bloquea si el *buffer* está vacío, si no es así decrementa y obtiene el siguiente
       elemento. El valor del semáforo contador `notEmtpy` siempre se corresponde con el
       número de elementos disponibles en el *buffer*.

❷   Obtiene el siguiente elemento de la cola.

En el programa `producer_consumer_infinite.py` se puede consultar la implementación completa. Hay dos clases —`Producer` y `Consumer`— que implementan el algoritmo
de productores y consumidores respectivamente. Se crean dos hilos productores (variable
`PRODUCERS`) y dos consumidores (`CONSUMERS`). Los productores producen 1 000 elementos (`TO_PRODUCE`) cada uno y acaban. Para el *buffer* se usa una lista nativa de Python, se
agregan elementos con append y se obtiene el primer elemento con `pop(0)`.

Buffer finito

El algoritmo anterior puede ser extendido para que funcione con un tamaño de *buffer*
limitado. Así como los consumidores se bloquean si no hay elementos en el *buffer*, los
productores deben hacer lo mismo si no quedan *posiciones libres*. Se necesita un semáforo
contador adicional (`notFull`) cuyo valor indicará el número de posiciones libres, por lo
que se inicializa con el tamaño del *buffer* (`BUFFER_SIZE`).

```
    Queue buffer
    Semaphore mutex = 1
    Semaphore notEmpty = 0
    Semaphore notFull = BUFFER_SIZE
```

Los siguientes son los algoritmos para cada proceso, solo se requiere una línea adicional en cada uno (código completo en `producer_consumer.py`):

Productor

```
while True:
    data = produce()

    notFull.wait()      ❶

    mutex.wait()
    buffer.add(data)
    mutex.signal()

    notEmpty.signal()
```

❶ Se bloquea si `notFull` vale cero, caso contrario lo decrementará y añadirá un nuevo valor.

Consumidor

```
while True:
    notEmpty.wait()

    mutex.wait()
    data = buffer.get()
    mutex.signal()

    notFull.signal()    ❶

    consume(data)
```

❶ Incrementa el semáforo para que un productor pueda añadir otro elemento.

 ## Sugerencia

El modelo productor-consumidor es muy común en informática, las *tuberías* y *colas* son construcciones muy útiles. La mayoría de lenguajes ofrecen una implementación nativa o por librerías. Por ejemplo, la clase `ArrayBlocking-Queue` en Java, `Queue` en Python (`queue` partir de Python 3) y Ruby. Los mensajes nativos de Go son productores-consumidores que pueden ser síncronos o asíncronos (los estudiamos en el Capítulo 9, *Canales*).

Semáforos partidos

La técnica de sincronización anterior con dos semáforos se denomina *semáforos partidos* (*split semaphores*). Se llaman así cuando se usan dos o más semáforos cuya suma es una constante, en este caso el invariante es:

$$notEmpty + notFull = BUFFER\_SIZE$$

Si la constante es igual a uno la técnica se denomina *semáforos partidos binarios*.

En la sección crítica las operaciones *wait* y *signal* son ejecutadas por el mismo proceso y en ese orden, no son semáforos partidos. Sin embargo, en el algoritmo de productores-consumidores con *buffer* limitado se usan dos semáforos y las llamadas a *wait* y *signal* se hacen desde diferentes hilos. Los *semáforos partidos* permiten que los procesos esperen por eventos que se producen en otros.

6.2.3. Lectores-escritores

En Sección 5.3, "Lectores-escritores" del capítulo Capítulo 5, *Spinlocks avanzados* vimos cómo resolver un problema también muy habitual, relajando las condiciones de la exclusión mutua con las siguientes condiciones:

- Se permite más de un lector en la sección crítica.

- Mientras haya un lector en la sección crítica no puede entrar ningún escritor.

- Los lectores no pueden entrar si hay un escritor en la sección crítica.

- Solo puede haber un escritor en la sección crítica.

La solución clásica

El algoritmo *clásico* de lectores-escritores se puede implementar con semáforos binarios o *mutex*, siempre que permitan que un proceso que no hizo el *wait* pueda hacer un *signal*. En el ejemplo en Python (`rw_lock.py`) se usa la clase `threading.Lock`, permite que cualquier hilo llame a `release` aunque no haya ejecutado el `acquire`.

```
readers = 0                ❶
Semaphore writer = 1 ❷
Semaphore mx = 1        ❸
```

❶   Contador de lectores en la sección crítica.
❷   Asegura la exclusión mutua entre escritores y entre escritor y lectores.
❸   Se usa con dos propósitos: 1) asegurar exclusión mutua para verificar y modificar la variable `readers`; 2) como barrera (el primer lector bloqueará a los siguientes si hay un escritor en la sección crítica).

Las entradas y salidas de escritores son idénticas a las de exclusión mutua:

Entrada y salida de escritores

```
def writer_lock():
    writer.wait()

def writer_unlock():
    writer.signal()
```

Si un lector no es el primero, puede entrar a la sección crítica. Si no hay ningún lector, espera en `writer` a que no haya ningún escritor. Como no hace el `signal` en el semáforo `mx`, los demás lectores quedarán bloqueados hasta que el primer lector se desbloquee de `writer`.

Entrada de lectores

```
def reader_lock():
    mx.wait()
    readers += 1
    if readers == 1:
        writer.wait()      ❶
    mx.signal()
```

❶   Si es el primer lector, espera a que no haya ningún escritor.

Salida de lectores

```
def reader_unlock():
    mx.wait()
    readers -= 1
    if readers == 0:
        writer.signal()  ❶
    mx.signal()
```

❶   Si es el último lector, libera `writer`, podrán entrar escritores.

Espera limitada

El algoritmo anterior da prioridad a los lectores y no asegura espera limitada a los escritores. Cuando entra un lector los escritores tendrán que esperar hasta que salga el último, pero los lectores podrán seguir entrando sin dejar paso al escritor. Es decir, se pueden generar esperas infinitas. Para evitarlas hay que asegurar que los lectores esperan si un escritor desea entrar.

Se usa un semáforo adicional, `entry`, que bloquea a los nuevos lectores cuando el primer escritor hace un *wait*. El siguiente es el algoritmo equitativo, la función `reader_unlock` es la misma, cambian las otras tres (código fuente completo en `rw_lock_fair.py`):

```
    ...
```

```
    Semaphore entry = 1

def reader_lock():
    entry.wait()
    mx.wait()
    readers += 1
    if readers == 1:
        writer.wait()
    mx.signal()
    entry.signal()
...
def writer_lock():
    entry.wait()
    writer.wait()

def writer_unlock():
    writer.signal()
    entry.signal()
```

La mayor ineficiencia de este algoritmo está en la entrada de lectores, se hacen dos *wait* sobre dos semáforos, entry y mx. En 2013, Vlad Popov y Oleg Mazonka propusieron un algoritmo más eficiente ([Popov]), los lectores solo hacen *wait* sobre un semáforo (código completo Python en rw_lock_fair_faster.py).

Sugerencia

POSIX   Threads   ofrece   lectores-escritores   con   las   funciones pthread_rwlock_*, en Java la clase ReentrantReadWriteLock, en Go el tipo RWMutex del paquete sync.

6.3. El problema de los filósofos cenando

Es un modelo muy estudiado en el área de la programación concurrente, fue inventado como ejercicio por Dijkstra en 1965 y luego formalizado por Hoare. No es un problema cuya solución tenga un uso práctico directo, pero es lo suficientemente simple y propone desafíos interesantes. Es objeto habitual de estudio y comparación entre las diferentes mecanismos de sincronización concurrentes.

Se trata de cinco filósofos sentados en una mesa en la que también hay cinco tenedores[7], uno a cada lado de los filósofos.

---

[7]Algunos textos dicen que son palillos, por ello se suele decir que los filósofos son chinos pero es contradictorio con la imagen.

Figura 6.1. Filósofos cenando[8]

Cada filósofo es un proceso que realiza solo dos actividades: pensar o comer. El algoritmo general de cada uno de ellos:

```
def philosopher():
    while True:
        think()
        pick()      ❶
        eat()
        release()   ❷
```

❶   Asegura que puede tomar los dos tenedores, el de la izquierda y el de la derecha
❷   Libera ambos tenedores.

Cada filósofo necesita dos tenedores para comer y solo puede tomar los que tiene a su lado. Para que el programa sea correcto se deben cumplir los siguientes requisitos:

1. Un filósofo solo puede comer si tiene los dos tenedores.

2. Exclusión mutua, un tenedor solo puede ser usado por un filósofo a la vez.

3. Se debe asegurar *progreso.*

4. Se debe asegurar *espera limitada.*

5. Debe ser eficiente. Si no hay competencia por un tenedor, este debe poder ser usado por uno de sus dos filósofos vecinos.

---

[8]"Dining philosophers" by Benjamin D. Esham / Wikimedia Commons. Licensed under CC BY-SA 3.0 via Wikimedia Commons [https://commons.wikimedia.org/wiki/File:Dining_philosophers.png#/media/File:Dining_philosophers.png].

Identificamos a los filósofos y tenedores con un índice de 0 a 4 (es decir, de 0 a *N-1*). El tenedor a la izquierda del *filósofo$_0$* será el *tenedor$_0$*, el de su derecha el *tenedor$_1$*. Así sucesivamente, hasta el último *filósofo$_4$*, que a su izquierda tendrá el *tenedor$_4$* y a su derecha el *tenedor$_0$*.

Una primera solución es asegurar exclusión mutua a toda la mesa, solo un filósofo puede comer a la vez. Es un problema de exclusión mutua, se requiere un único semáforo *mutex* (`table`):

```
    Semaphore table = 1

def philosopher():
    while True:
        think()
        table.wait()
        eat()
        table.signal()
```

Esta solución es ineficiente: aunque hay tenedores para que puedan comer dos filósofos simultáneamente, solo uno podrá hacerlo. Una mejor solución es asegurar exclusión mutua por cada tenedor, para ello se necesita un array de cinco semáforos *mutex*, uno por tenedor. El índice *i* identifica a cada filósofo, cada proceso intentará tomar primero el tenedor de su izquierda (también es *i*) y luego el de su derecha (corresponde a `(i + 1) % 5`).

Las funciones `pick` y `release` tomarán y soltarán los tenedores respectivamente, por conveniencia se define la función `right` que retorna el índice del tenedor de la derecha (el tenedor de la izquierda del *filósofo$_i$* es simplemente *tenedor$_i$*):

```
    Semaphore forks[5] = [1, 1, 1, 1, 1]

def philosopher(i):
    while True:
        think()
        pick(i)
        eat()
        release(i)

def right(i):
    return (i+1) % 5

def pick(i):
    forks[i].wait()
    forks[right(i)].wait()

def release(i):
    forks[i].signal()
    forks[right(i)].signal()
```

Antes de comer cada filósofo hace `wait` sobre los dos tenedores que le corresponden, primero al de la izquierda y luego al de la derecha. Si alguno de ellos está ya tomado, quedará bloqueado hasta que el filósofo que lo tiene lo libere y ejecute el `signal` correspondiente. Sin embargo, tiene un problema importante[9]: si todos intentan comer *simultáneamente* cada uno tomará su tenedor de la izquierda, cuando lo intenten con el de la derecha quedarán bloqueados porque ya habrá sido tomado por su vecino.

Una secuencia de instrucciones que lleva a este estado podría ser la siguiente: cada filósofo toma el tenedor de su izquierda, la ejecución se intercala o se ejecuta en paralelo (recordad que el problema es equivalente):

```
fork[0].wait()
  fork[1].wait()
    fork[2].wait()
      fork[3].wait()
        fork[4].wait()
```

Ahora cada uno de ellos intenta tomar el tenedor de su derecha:

```
fork[1].wait()
  fork[2].wait()
    fork[3].wait()
      fork[4].wait()
        fork[0].wait() ❶
```

❶   El *filósofo₄* es el único que hace el `wait` en orden decreciente.

Todos quedarán bloqueados porque los semáforos *mutex* están tomados, es un interbloqueo, como vimos en la Sección 2.2, "Algoritmos de exclusión mutua".

6.3.1. Interbloqueos

Los interbloqueos se pueden producir cuando hay competencia por recursos de cualquier tipo. Dos procesos `P` y `Q` necesitan los recursos a y b y los solicitan en orden diferente, como en el siguiente ejemplo:

```
P              Q

get(a)         get(b)
...            ...
get(b)         get(a)
```

[9]Lo podéis probar físicamente con la ayuda de otra persona –no hacen falta cinco– una mesa y tenedores.

Ambos procesos quedarán esperando a que el otro libere uno de los recursos, pero el otro no lo hará porque tampoco puede avanzar. No hay *progreso*, se produce un bucle en el *grafo de asignación de recursos*. Es lo mismo que puede pasar con el algoritmo anterior de los filósofos, se dice que hay una *espera circular*.

Condiciones necesarias para interbloqueo

Para que se puedan producir interbloqueos deben cumplirse las siguientes condiciones necesarias:

Exclusión mutua

Los recursos solo pueden asignarse a un proceso.

Retención y espera (*hold and wait*)

Un proceso mantiene los recursos ya asignados mientras espera la asignación de otro.

No apropiación (*no preemption*)

No se puede quitar un recurso que está asignado a un proceso, debe ser este el que lo libere.

Espera circular (*circular wait*)

Se produce un bucle, un ciclo cerrado de procesos esperando por recursos asignados a otros. Esta condición es derivada de la segunda, sin *retención y espera* no se puede producir una *espera circular* (pero la retención y espera no implica que sí se produce).

Para prevenir interbloqueos es suficiente que el algoritmo evite que se presente alguna de las condiciones.

1. La exclusión mutua no se puede evitar, un tenedor solo puede ser usado por un filósofo a la vez.

2. La retención y espera se podría evitar, pero requiere algoritmos de sincronización más complejos que el de exclusión mutua (lo haremos en la *solución óptima*, más adelante).

3. Se podría hacer que sea *apropiativo*, si se detecta interbloqueo se quita el tenedor a uno de los filósofos involucrados en la cadena, también requiere un algoritmo más sofisticado.

4. La condición de espera circular es la más sencilla de evitar que se produzca, basta forzar a que todos los procesos soliciten los recursos en el mismo orden, ascendente o descendente.

El *culpable* de que no se soliciten los tenedores en el mismo orden es el filósofo con el último índice. Al contrario de los demás, que solicitan los tenedores en orden ascendente, el *filósofo₄* los toma en orden descendente: primero el *tenedor₄* y luego el *tenedor₀*. Para forzar el mismo orden se puede cambiar la función `pick`, de forma que el primer `wait` se haga siempre sobre el tenedor con el índice menor (código completo en `philosophers_1.py`):

```
def pick(i):
    if i < right(i):
        forks[i].wait()
        forks[right(i)].wait()
    else:
        forks[right(i)].wait()
        forks[i].wait()
```

Este algoritmo suele denominarse *LR* porque hay dos tipos de filósofos, los que toman primero el tenedor de la izquierda (*L*) y los que lo hacen con el de la derecha (*R*). No se pueden producir interbloqueos al no cumplirse la condición de *espera circular*.

Pero el algoritmo no es óptimo, hay situaciones donde podrían estar comiendo dos filósofos pero solo lo hace uno. Si, como vimos antes, todos los filósofos desean comer más o menos simultáneamente puede darse la siguiente secuencia:

```
fork[0].wait()
  fork[1].wait()
    fork[2].wait()
      fork[3].wait()
        fork[0].wait() ❶

fork[1].wait()
  fork[2].wait()
    fork[3].wait()
      fork[4].wait()   ❷
```

❶   El *filósofo₄* que ahora hace el *wait* en orden decreciente y se bloquea.
❷   El *filósofo₃*, el *tenedor₄* está libre y puede continuar comiendo, todos los demás esperarán, cuando *filósofo₃* podrá comer el *filósofo₂*, luego *filósofo₁*, etc.

Con cinco filósofos pueden comer hasta dos. Sin embargo, con la secuencia anterior hemos demostrado que hay casos donde el algoritmo no cumple con el mínimo.

6.3.2. Solución óptima

Para obtener la solución óptima hay que cambiar el enfoque, en vez de un problema de exclusión mutua hay que tratarlo como una sincronización de orden de instrucciones. Cuando un filósofo desea comer verifica el estado de sus dos vecinos; podrá comer si ninguno de los dos está comiendo. En caso contrario, tendrá que esperar que los vecinos le notifiquen cuando liberen los tenedores.

Se usa el array `status` para indicar el estado de cada filósofo: pensando (`THINKING`), que pretende comer (con *hambre*, `HUNGRY`) y comiendo (`EATING`). El array `sync` de semáforos para sincronizar entre los filósofos, y el semáforo `mutex` para asegurar exclusión mutua cuando se verifica y manipula el array `status`.

```
status[5] = [THINKING,... ,THINKING]
Semaphore sync[5] = [0, 0, 0, 0, 0]
Semaphore mutex = 1
```

La función `pick` asigna `HUNGRY` al estado del filósofo y llama a la función `canEat`, que verifica si ninguno de los vecinos está comiendo. Si no es así, señaliza en su semáforo `sync` correspondiente, por lo que no se bloqueará en el `acquire` sobre `sync[i]` (en la última línea de `pick`). Pero si alguno de los vecinos está comiendo no se hará el `release` y el filósofo se bloqueará.

```
def pick(i):
    mutex.acquire()
    status[i] = HUNGRY
    canEat(i)
    mutex.release()
    sync[i].acquire()
```

Si ninguno de los vecinos está comiendo `canEat` asigna `EATING` al estado de *filósofo$_i$* y señaliza en su semáforo. A diferencia del algoritmo anterior, las funciones `left` y `right` retornan el índice del filósofo vecino (no del tenedor): `right` es la misma, pero `left` retorna el índice del vecino –no el tenedor– de la izquierda ((`i` - `1`) % 5, el vecino de la izquierda de *filósofo$_0$* es el *filósofo$_4$*).

```
def canEat(i):
    if status[i] == HUNGRY
            and status[left(i)] != EATING
            and status[right(i)] != EATING:
        status[i] = EATING
        sync[i].release()
```

Cuando un filósofo deja de comer debe verificar si sus vecinos están esperando por los tenedores que retenía. Antes de señalizarles también tiene que verificar que el otro *vecino de su vecino* no está comiendo. Para ello se puede usar la función `canEat` que precisamente hace eso, lo que cambiará será el valor del argumento `i`.

```
def release(i):
    mutex.acquire()
    status[i] = THINKING
    canEat(left(i))   ❶
    canEat(right(i))  ❷
```

```
mutex.release()
```

❶❷ Se reusa la función `canEat` para verificar el estado de los *vecinos del vecino*. Si el filósofo que deja los tenedores es el 1, entonces se llamará con el argumento 0 (el filósofo de la izquierda) y luego con el 2 (el filósofo de la derecha).

Hay que tener en cuenta que las llamadas a `canEat` se hacen siempre desde dentro de la sección crítica del semáforo `mutex`, es decir, no se producen condiciones de carrera ni conflictos en las verificaciones y cambios de estado del array `status`.

Este algoritmo es óptimo (código fuente completo en `philosophers_2.py`), asegura que si hay tenedores para que coman dos filósofos estos podrán hacerlo sin demora. No hay retención y espera, los filósofos que no pueden comer no retienen ningún tenedor. Sin retención y espera tampoco se puede producir espera circular.

Dado que no se cumplen dos de las condiciones necesarias, no pueden producirse *interbloqueos*. Cumple con todas los requisitos que impusimos al principio.

6.4. Inversión de prioridades

Un bug marciano

El día 4 de julio de 1997 el *Mars Pathfinder* aterrizó en Marte, se desplegó la nave que sirvió para el viaje y aterrizaje –el *SpaceCraft*– y a las pocas horas empezó a enviar datos y fotos en alta calidad. Unos días después se detectaron reinicios continuos del ordenador al intentar enviar a la tierra datos meteorológicos y científicos. Los reinicios eran ordenados por la tarea *bc_sched*, responsable de verificar que las demás tareas se ejecutan correctamente.

El procesador era un Power1/RS6000 de IBM, conectado a un bus VME con interfaces para la cámara, la radio y un bus 1553. El bus 1553 tenía dos partes, una usada para navegación espacial (aceleradores, válvulas, sensor solar y escáner de estrellas) y otra para el aterrizaje (acelerómetro y radar de altitud) y los instrumentos científicos: el ASI/MET. El bus 1553, heredado de la sonda Cassini, tenía un modo de funcionamiento síncrono simple: el software controlador y toma de datos se planificaban exactamente cada 0.125 segundos (8 Hz).

El sistema operativo era un Unix de tiempo real desarrollado por Wind River, VxWorks, adaptado específicamente al procesador RS600. La arquitectura de software era la siguiente[10]:

---

[10] En los sistemas de tiempo real es habitual llamar *tareas* a los procesos.

- *bc_sched*: La tarea con máxima prioridad, esta se encargaba de preparar las transacciones para el siguiente ciclo de 0.125 segs sobre el bus 1553.

- *entry+landing*: La tarea con la segunda prioridad, ya inactiva.

- *bc_dist*: La tarea de tercera prioridad toma datos del 1553 y los copia en un doble *buffer* circular desde donde extraen información las otras tareas, salvo las ASI/MET.

- Otras tareas de prioridad intermedia.

- *ASI/MET*: Esta era la tarea de menor prioridad, junto con otras tareas científicas (generación y compresión de imágenes, etc.). A diferencia de las otras, ASI/MET toma datos del 1553 a través de un mecanismo de comunicación entre procesos usando el *pipe* estándar de Unix.

Una vez detectados los reinicios se analizaron los datos de debug generados y enviados por *bc_sched*. El problema era siempre el mismo: *bc_dist* no completaba su ejecución en el tiempo previsto. Después de 18 horas de simulaciones descubrieron la causa: por la cantidad inesperada de datos que se recogía el sistema estaba más cargado que el *mejor caso* probado por la NASA. La tarea de baja prioridad *ASI/NET* accedía a una sección crítica con un *wait* a un *mutex* dentro de las funciones del `pipe`, pero no alcanzaba a salir porque el núcleo asignaba el procesador a las tareas de prioridad intermedia. La tarea *bc_dist*, de mayor prioridad, también hacía un *wait* al mismo *mutex* pero permanecía bloqueada porque *ASI/NET* no salía de su sección crítica.

Así, *bc_dist* llegaba al final de su período sin acabar, el problema era la *inversión de prioridades*.

La inversión de prioridades es un problema que se puede presentar en todos los mecanismos de exclusión mutua en sistemas de multiprogramación con prioridades. Supongamos tres procesos con diferentes prioridades, *H* de mayor prioridad, *I* de prioridad intermedia y *L* de menor prioridad.

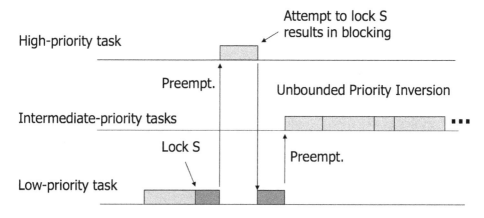

Figura 6.2. Inversión de prioridades [11]

L entra en la sección crítica haciendo *wait* en un semáforo, al poco tiempo H hace *wait* sobre el mismo semáforo. Antes de que C pueda hacer el *signal* es quitado del procesador (*preempted*) por el proceso I de mayor prioridad. H no podrá ejecutarse hasta que I y todos los demás procesos con prioridad intermedia hayan liberado el procesador y permitan que L haga el *signal*.

Este interbloqueo causado por el *scheduler* se denomina inversión de prioridades. Aunque H tiene la mayor prioridad, no se puede ejecutar porque comparte recursos con L; que a su vez no se ejecuta porque tiene menor prioridad que I.

El problema era conocido desde hace tiempo en la comunidad científica, pero no hubo formalizaciones ni soluciones hasta 1980 ([Lampson]). Hay varias soluciones:

Herencia de prioridades (*priority inheritance*)
    Antes de bloquear un proceso se verifica la prioridad del que está en la sección crítica, si es menor que la del proceso a punto de bloquearse se le asignará la mayor. Es decir, hereda la mayor prioridad de los procesos bloqueados en el semáforo.

Maximización de prioridad (*priority ceiling*)
    Se define una prioridad suficientemente alta por cada semáforo y se asigna esta prioridad a todos los procesos que operan con él.

Incremento aleatorio (*random boosting*)
    El *scheduler* sube aleatoriamente la prioridad de los procesos que están en la cola de listos. Si en una vuelta no alcanzó a ejecutar, en la siguiente *ronda* vuelve a tener la oportunidad. Windows usa este mecanismo ([Microsoft]).

---

[11] Imagen de [Shiftehfar].

Aunque la más utilizada es *herencia de prioridades*, no hay un consenso sobre cuál es la mejor solución.

> Friends don't let friends use priority inheritance.

> — Linus Torvalds

Linus Torvalds se negaba a introducirla en Linux, consideraba que el problema es de programas erróneos, no una cuestión que deba resolver el núcleo. En 2006 Ingo Molnar consiguió introducir soporte para herencia de prioridades en la interfaz FUTEX[12] ([Molnar]), usada para implementar los semáforos POSIX y los mecanismos de sincronización de POSIX Threads, las GLibc fueron adaptadas rápidamente[13].

El *parche*

VxWorks permitía configurar en una variable global si se habilitaba o no la *herencia de prioridades* en los semáforos. Los ingenieros de la NASA habían preferido no arriesgar y la dejaron deshabilitada.

Después de estudiar y hacer simulaciones en la Tierra para asegurarse de que los efectos colaterales no eran negativos, se preparó el *parche* y se envió a la nave en Marte. El problema se resolvió y la misión fue un éxito ([Reeves]).

6.5. Recapitulación

Los abstracción de semáforos fue el primer mecanismo formal y útil de sincronización de procesos sin esperas activas. Sigue siendo fundamental y el pilar sobre el que se construyen otros mecanismos. Hemos visto desde su uso trivial para exclusión mutua a algoritmos de sincronización más complejos: barreras, productor-consumidor y lectores-escritores. Estos cuatro modelos a su vez son esenciales para la programación concurrente. Su aprendizaje no solo aporta el conocimiento necesario para reconocer los problemas de concurrencia y las herramientas más adecuadas, saber cómo se construyen esas soluciones permite diseñar soluciones correctas y eficientes para muchos problemas de programación concurrente.

Al haber sido el primer –y más usado– método de sincronización, también sirvió para estudiar los desafíos de la concurrencia, el problema de los filósofos es un clásico. Fue útil para estudiar las diferentes formas de solucionar la sincronización entre procesos y para reconocer las reglas básicas para eludir los interbloqueos.

---

[12] La estudiamos en el Capítulo 7, *FUTEX*.

[13] El atributo `PTHREAD_PRIO_INHERIT` en la función `pthread_mutexattr_setprotocol`, POSIX Threads también soporta *priority ceiling* con `PTHREAD_PRIO_PROTECT` y la función `pthread_mutexattr_setprioceiling`.

Finalmente analizamos el fenómeno que se presenta por la compleja interacción de procesos en los sistemas operativos modernos, especialmente en los de *tiempo real*: la inversión de prioridades.

Los conocimientos adquiridos permitirán enfrentar con bastante facilidad los dos mecanismos más usados en los lenguajes de programación modernos, los *monitores* y *mensajes*. Pero antes veremos un tema que raramente se estudia: una interfaz genérica del núcleo del sistema operativo que permite la implementación eficiente de semáforos y otros mecanismos de sincronización.

Linux tiene una interfaz de este tipo, la *Fast Userspace Mutex* (FUTEX). Aunque está pensada para ser usada por los programadores de librerías, como la GLibc, es muy pedagógico aprender cómo se programan a bajo nivel los mecanismos de sincronización. De esto tratará el siguiente capítulo.

Capítulo 7. FUTEX

Los mecanismos de sincronización sin espera activa son habitualmente implementados en el núcleo de los sistemas operativos, estos tienen mayor facilidad y capacidad para cambiar el estado de los procesos. Sin embargo, las llamadas de sistemas toman un tiempo considerable debido a la interrupción de software y posterior cambio de contexto a ejecución del núcleo.

Se puede mejorar el rendimiento si se invoca al núcleo únicamente en caso de competencia entre procesos. Si solo uno desea entrar a una sección crítica, puede resolverse directamente en el *espacio de usuario* con ayuda de las instrucciones atómicas estudiadas en el Capítulo 4, *Soluciones por hardware*.

Un *mutex* de este tipo puede usar una variable entera compartida (`mutex`) y la instrucción *swap*. En el *wait* verifica si después del intercambio `local` vale cero, en este caso no hay competencia y podrá continuar. En caso contrario, se hará la llamada de sistema para que el núcleo bloquee al proceso.

```
local = 1
CAS(mutex, local, 0)     ❶
if local != 0:
    syscall_wait(mutex) ❷
```

❶   Si después del *swap* `local` vale cero, no había ningún proceso en la sección crítica.
❷   Como `local` no es cero se llama al núcleo del sistema operativo para que lo bloquee.

Naturalmente, es solo la idea base, el algoritmo completo no puede ser *tan* sencillo. Se producirán condiciones de carrera entre *swap* y la llamada al sistema; al no ser atómicas, otro proceso puede haber salido de la sección crítica y el actual quedar bloqueado indefinidamente.

7.1. Interfaz FUTEX

El objetivo de la interfaz FUTEX[1] (*Fast User-space muTEXes*) de Linux fue facilitar la implementación de este tipo de técnicas para primitivas *bloqueantes* eficientes sin necesidad de programarlas en el núcleo. A pesar del nombre, FUTEX no solo sirve para semáforos *mutex*, también para una variedad de mecanismos de sincronización.

Las librerías *Native POSIX Thread Libraries* (*NPTL*, implementan el estándar *POSIX Threads* en Linux) y las de semáforos POSIX –ambas incluidas en las GLibc– usan FUTEX con varias optimizaciones a nivel de usuario, de allí su excelente rendimiento. En este capítulo veremos unas de esas técnicas de optimización, esperas activas limitadas (o *spin-then-block*).

Aunque no impone restricciones, la interfaz FUTEX no fue diseñada para ser usada por programadores de aplicaciones, sino por los de librerías y máquinas virtuales. Requiere programar con instrucciones de hardware y ni siquiera exporta una función, hay que recurrir a la función de bajo nivel `syscall`.

La base de la interfaz ([Franke], [Hart], [Drepper], [LockLess1]) es una variable entera llamada *futex*. Los procesos deben especificar la dirección de dicha variable, puede ser cualquiera que sea válida y accesible, no hay requisitos especiales. Su dirección física es usada por el núcleo como clave para la tabla de *hashing* de las colas de bloqueados en cada *futex*.

Los programas pueden consultar y modificar la variable *futex* –es una variable entera *normal*– para tomar decisiones de sincronización. Por ejemplo, para usarla con cualquiera de las primitivas de hardware explicadas en Capítulo 4, *Soluciones por hardware*. El núcleo

---

[1] man 7 futex

también usa el valor de *futex*, lo compara con un argumento que recibe en la operación de bloqueo (idea que recuerda a las instrucciones *TAS* y *CAS*).

Para que varios procesos compartan los mecanismos de sincronización basta con compartir la variable *futex*. Con *threads* es suficiente con definirla como variable global. En procesos independientes se puede usar cualquier mecanismo de compartición de memoria[2], tampoco hay requisitos especiales. El núcleo usa como clave la dirección física de la variable, no hay conflictos debido a espacios de direcciones virtuales diferentes.

7.2. Programación con FUTEX

En Sección 4.4, "Primitivas de hardware y registros *Read-Modify-Write*" aprendimos los macros del compilador para programar con las instrucciones de sincronización, en el capítulo anterior vimos los semáforos y sus primitivas. Podemos aventurarnos, sin demasiado esfuerzo, a desarrollar algunas de esas construcciones de sincronización directamente con FUTEX. El esfuerzo es revelador del porqué de algunas características y limitaciones de las primitivas de sincronización estándares.

La interacción entre el proceso de usuario y el núcleo se lleva a cabo mediante la función de bajo nivel para llamadas de sistema: `syscall`. Su forma genérica para FUTEX es:

```
syscall(__NR_futex, ptr, FUTEX_OP, val1, timeout, *ptr2, val3);
```

Donde `__NR_futex` es el identificador de llamada de sistema de FUTEX[3], `ptr` es la dirección de la variable *futex*, `FUTEX_OP` es una de las operaciones explicadas a continuación, los siguientes son parámetros adicionales que dependen de la operación indicada en `FUTEX_OP`.

7.2.1. Operaciones

Las operaciones que se pueden especificar en `syscall` son las siguientes:

FUTEX_WAIT

> Si el valor del *futex* es igual al valor `val1` suspende al proceso y lo agrega a la cola de bloqueados del *futex*. Retorna 0 si fue desbloqueado por el `FUTEX_WAKE`, -1 si no pudo bloquear o hubo error.

FUTEX_WAKE

> Desbloquea a uno o más procesos según lo indicado por `val1`. Retorna el número de procesos desbloqueados.

---

[2] Como `shmget` del sistema IPC de System V, o el más moderno `mmap`.
[3] Definido en `/usr/include/asm-generic/unistd.h`.

`FUTEX_CMP_REQUEUE`

Es una composición de las operación `FUTEX_WAKE` [4], permite despertar a un número de procesos y además evitar el efecto *tormenta*. Los procesos que no fueron desbloqueados son movidos a otra cola especificada por la dirección de `ptr2`. Esos procesos pueden ser tratados de forma normal como procesos bloqueados en otro *futex*. Se usa, por ejemplo, para la implementación de variables de condición (usadas en el capítulo Capítulo 8, *Monitores*).

`FUTEX_WAIT_BITSET`, `FUTEX_WAKE_BITSET`

Son equivalentes a `FUTEX_WAIT` y `FUTEX_WAKE`, pero permiten especificar con una máscara hasta 32 colas diferentes para el mismo *futex*.

`FUTEX_LOCK_PI`, `FUTEX_UNLOCK_PI`

Son las extensiones de Ingo Molnar ([Molnar]) para herencia de prioridades comentadas en Sección 6.4, "Inversión de prioridades". *Lock* bloquea a un proceso si el valor del *futex* no es cero y lo inserta en la cola de bloqueados ordenada por prioridad de mayor a menor. Al proceso que está en la sección crítica (es *propietario del lock*) le asigna la mayor prioridad de todos los que esperan.

 Llamadas de sistema

La función `syscall` para `FUTEX_WAIT`:

```
syscall(__NR_futex, &futex, FUTEX_WAIT, value, NULL, 0, 0)
```

y para `FUTEX_WAKE`:

```
syscall(__NR_futex, &futex, FUTEX_WAKE, processes, NULL, 0,
 0)
```

Para simplificar el pseudocódigo usaremos `futex_wait(futex, value)` y `futex_wake(futex, processes)` respectivamente. El argumento `value` es el valor que se compara con `futex`, `processes` es el número de procesos a desbloquear.

7.3. Semáforo simple

La implementación de semáforos generales con FUTEX es trivial, si se toman algunas precauciones para evitar condiciones de carrera (código completo en `futex/semaphore.c`):

1. Permitimos que el valor del semáforo, `value`, pueda tomar números negativos (si es negativo su valor absoluto indica el número de procesos en la cola).

---

[4] Reemplaza a la obsoleta `FUTEX_REQUEUE` que no hacía la comparación del valor del *futex* y provocaba condiciones de carrera.

2. Si el *wait* genera un valor negativo, el proceso siempre se bloqueará y esperará el *wake* desde el proceso que ejecute el *signal*.

3. Al ejecutar el *signal* se verifica el valor de retorno para asegurar que se pudo despertar a un proceso.

Con estas precauciones es posible evitar el bucle de verificación de que el proceso pudo ser bloqueado por `FUTEX_WAIT`.[5] Para que esta comparación nunca *falle* se usa un campo adicional (`futex`) que no se modifica (i.e. es *inmutable*).

La estructura de datos tiene dos campos, `value` para almacenar el valor del semáforo y `futex` como variable *futex* inmutable. La definición (en C) es la siguiente:

```
struct futex_sem {
    int futex;  ❶
    int value;
};
```

❶   Solo se usa su dirección como *futex*.

La instrucción atómica *add&get* se usa para incrementar y decrementar atómicamente el valor del semáforo. Así, el algoritmo de la operación *wait* es sencillo, prácticamente idéntico a la definición *académica-canónica* de semáforos.

```
def wait(sem):
    value = addAndGet(sem.value, -1)
    if value < 0:
        futex_wait(sem.futex, sem.futex)    ❶
```

❶   Si el valor es menor que 0 el proceso siempre se bloqueará.

El algoritmo de *signal* también es similar al de la definición de semáforos, pero se necesita añadir un bucle para asegurar que efectivamente se desbloqueó a un proceso. Así se elimina una condición de carrera: el proceso que decrementó y dejó negativo al semáforo podría ejecutar su `futex_wait` después del `fute_wake` correspondiente, quedaría bloqueado indefinidamente si no se reitera el *wake*.

```
void signal(futex_sem_t *sem) {
    value = addAndGet(sem.value, 1)
    if value <= 0:
        while futex_wake(sem.futex, 1) < 1: ❶
            sched_yield()
```

---

[5] Hay que tener en cuenta que `futex_wait` es una llamada de sistema que antes de bloquear al proceso verifica que el valor del *futex* sea igual a `val1`.

❶   Se verifica si efectivamente se desbloqueó a un proceso (el `sched_yield` no es imprescindible).

Esta implementación es correcta y además es un semáforo fuerte[6], pero es muy ineficiente si se usa para sincronizar procesos con alta competencia (como en el ejemplo que usamos). Los tiempos de ejecución en estos casos son muy elevados, hasta dos órdenes de magnitud superiores a los tiempos obtenidos en Capítulo 5, *Spinlocks avanzados* y los semáforos POSIX en Sección 6.1.1, "Exclusión mutua".

```
$ time ./semaphore
real    0m27.587s
user    0m3.678s
sys     0m31.147s  ❶
```

❶   Nótese la cantidad de CPU que se consumió en modo sistema, está provocado por el bloqueo y desbloqueo de procesos.

Cuando el `valor` del semáforo se hace negativo (la situación habitual para un *mutex* de alta competencia), todos los procesos pasan obligatoriamente por la cola de bloqueados provocando cambios de contexto innecesarios. No es sencillo mejorarlo sin un algoritmo bastante más complejo, por dos razones:

• La intercalación de instrucciones dentro de las funciones `wait` y `signal`.

• La operación `FUTEX_WAKE` no tiene efecto si no hay procesos bloqueados.

Si se pretende optimizar la exclusión mutua para alta competencia conviene implementar semáforos *mutex*, son considerablemente más eficientes[7] que los semáforos generales.

7.4. *Mutex* simple

Para el siguiente *mutex* simple[8] se requieren también las dos operaciones básicas. Se usan las operaciones atómicas *swap* y *get&add*. Las funciones `lock` y `unlock` reciben como argumento la dirección de una estructura con dos enteros (código completo en el mismo directorio `futex/`, `simple_mutex.c`):

```
struct simple_futex {
    int locked;
    int waiters;
};
```

---

[6]El orden de desbloqueo está definido por el orden de ejecución de `futex_wait`.

[7]¿Empiezas a entender mejor por qué es más eficiente usar *mutexes* para exclusión mutua?

[8]Lo desarrollé para este libro buscando que sea eficiente pero a la vez muy sencillo de explicar, no encontré publicado un algoritmo similar.

El campo `locked` se usa como variable binaria, si vale 0 no hay procesos en la sección crítica; `waiters` indica el número de procesos bloqueados en la cola del *futex* (es decir, que ejecutaron `futex_wait`).

7.4.1. *lock*

Si después del *swap* el campo `locked` es cero significa que no hay competencia, podrá entrar directamente sin intervención del núcleo. En caso contrario, se incrementa *tentativamente* el contador de procesos en espera y se llama a `futex_wait`, que comparará si el valor de `locked` sigue siendo 1. Si no es así, el proceso que estaba en la sección crítica ya salió, por lo que se debe volver al principio del bucle después de restablecer el valor de `waiters`.

Si el proceso fue bloqueado en `futex_wait`, cuando se despierte decrementará `waiters` y volverá al principio del bucle para verificar que efectivamente puede entrar.

```
def lock(futex):
    while True:
        local = swap(futex.locked, 1)
        if local == 0:                          ❶
            return

        getAndAdd(futex.waiters, 1)
        futex_wait(futex.locked, 1)             ❷
        getAndAdd(futex.waiters, -1)
```

❶   Si `locked` valía cero ahora vale 1, no hay competencia, el proceso puede entrar a la sección crítica inmediatamente.

❷   Para que se agregue a la cola de bloqueados se verifica que `locked` siga en 1.

7.4.2. *unlock*

Esta función es más sencilla, el proceso indica que salió de la sección crítica poniendo 0 en `locked`. Si hay procesos en espera, despierta a uno de ellos.

```
def unlock(futex):
    futex.locked = 0
    if futex.waiters > 0:
        futex_wake(futex.locked, 1)
```

Este algoritmo es más simple y eficiente comparado al de semáforos generales, de 27 segundos de tiempo real se pasó a menos de uno.

```
$ time ./simple_mutex
real    0m0.899s
```

```
user     0m0.398s
sys      0m2.725s
```

No obstante, tiene un problema. Aunque las colas de FUTEX son FIFO, esta implementación no asegura espera limitada. Si el proceso que sale de la sección crítica inmediatamente vuelve a llamar a `lock`, podrá entrar antes que el proceso que se despertó en `futex_wake`. Como dicho proceso estaba bloqueado y se tiene que hacer el cambio de contexto, la probabilidad de que el que acaba de salir ejecute antes el *swap* es muy elevada.

7.5. *Mutex* de Drepper

En su influyente artículo *Futexes Are Tricky* ([Drepper]), Ulrich Drepper propone un algoritmo de *mutex* diferente (código completo en `mutex_drepper.c`). En teoría es eficiente, pero tampoco es equitativo y es bastante más complejo, sobre todo para explicarlo en pocas líneas. En el *mutex simple* anterior se usaban dos variables (`waiters` y `locked`), en este se usa un único entero *futex* que puede tomar tres valores diferentes:

- 0: libre

- 1: ocupado, sin procesos bloqueados

- 2: ocupado, uno o más procesos bloqueados

lock

```
def lock(futex) {
    c = 0
    CAS(futex, c, 1)
    if c == 0:
        return                      ❶
    if c != 2:
        c = swap(futex, 2)          ❷
    while c != 0:                   ❸
        futex_wait(futex, 2)
        c = swap(futex, 2)
```

❶   No hay competencia, entra a la sección crítica.
❷   Indica que habrá un proceso bloqueado.
❸   Se bloquea hasta que no haya procesos en la sección crítica.

unlock

```
def unlock(futex):
    if getAndAdd(futex, -1) != 1:
        futex = 0;                  ❶
        futex_wake(futex, 1)
```

❶   Hay procesos bloqueados, despierta a uno.

En la comparación de tiempos entre ambos no hay diferencias notables.

```
$ time ./mutex_drepper
real    0m0.826s
user    0m0.598s
sys     0m2.284s
```

Este algoritmo requiere una única variable y, al reducir las operaciones atómicas de incremento y decremento en el *lock*, cargaría menos al sistema de coherencia de caché con muchos procesadores.

7.6. *Mutex* equitativo

Se puede implementar en FUTEX un *mutex* equitativo similar al *ticket-lock*. Se requiere una estructura con dos campos, el número creciente (`number`) y el turno actual (`turn`).

```
struct simple_futex {
    unsigned number;
    unsigned turn;
};
```

El campo `turn` es la variable *futex*, la comparación en `futex_wait` elimina la condición de carrera si el turno se modifica entre la comparación y la llamada de sistema. Si el proceso es interrumpido y otro proceso entra a la sección crítica, `turn` será diferente y no será bloqueado, volverá al inicio del `while`.

El algoritmo es el siguiente (código completo en `fair_mutex.c`):

```
def lock(futex):
    number = getAndAdd(futex.number, 1)   ❶
    turn = futex.turn
    while number != turn:                 ❷
        futex_wait(futex.turn, turn)
        turn = futex.turn
```

❶   Cada proceso selecciona un número creciente único.
❷   Espera a que sea su turno, en caso contrario se bloquea.

En *unlock* es imposible despertar únicamente al proceso al que le toca el siguiente turno. Hay que despertar a todos y que cada uno verifique si le corresponde continuar (ya lo hacen en el *lock*, están dentro del bucle mientras `number != turn`).

```
def unlock(futex):
```

```
current = getAndAdd(futex.turn)
if futex.number >= current:
    futex_wake(futex.turn, MAXINT) ❶
```

❶   Para despertar a todos se especifica un número muy grande, en este caso MAXINT, el máximo entero.

Comparado con los anteriores este algoritmo es muy ineficiente, sus tiempos en el mismo ordenador:

```
$ time ./fair_mutex
real    0m32.974s
user    0m7.609s
sys     1m18.414s
```

La diferencia es enorme, incluso toma más tiempo que la primera implementación de semáforos. Uno de los problemas es que hay que despertar a todos los procesos cada vez[9], lo que provoca una *tormenta* de los hilos que se desbloquean y vuelven a bloquearse.

7.6.1. Uso de la máscara BITSET

Se puede evitar la *tormenta* usando las operaciones FUTEX_WAIT_BITSET y FUTEX_WAKE_BITSET para que solo se despierte al proceso al que le corresponde el turno. Para ello hay que calcular una máscara binaria adecuada, así se puede usar el módulo de enteros. Para bloquear en *lock* la máscara se obtiene a partir del número del proceso, para desbloquear en el *unlock* se calcula a partir del *turno* actual.

La función MASK que obtiene la máscara dado un número[10] es la siguiente:

```
def MASK(number):
    return 1 << (number % 32)
```

El pseudocódigo es el siguiente (código completo en fair_mutex_bitset.c):

```
def lock(futex):
    number = getAndAdd(futex.number, 1)
    turn = futex.turn
    while number != turn:
        futex_wait_bitset(futex.turn, turn, MASK(number))
        turn = futex.turn

def unlock(futex):
    current = getAndAdd(futex.turn)
```

[9] Con el futex_wake(futex.turn, MAXINT)
[10] Al numero 0 le toca la máscara 0, al 1 la máscara 2, al 2 la máscara 4, etc.

```
if futex.number >= current:
    futex_wake_bitset(futex.turn, 1, MASK(current))
```

El tiempo de ejecución del algoritmo:

```
$ time ./fair_mutex_bitset
real    0m38.509s
user    0m6.910s
sys     0m42.622s
```

No ha solucionado nada, sigue siendo muy ineficiente. Incluso peor que el semáforo simple inicial, por dos razones:

- Todos los procesos pasan por la cola de bloqueados al igual que en semáforos.

- Se añade el coste adicional provocado por el siguiente bucle en el `wait` que es idéntico a ambas versiones:

```
turn = futex.turn
while number != turn:
    futex_wait(futex.turn, turn) ❶
```

❶ La función fallará y hay que repetirla si `futex.turn` cambió desde la asignación a `turn`.

Al haber alta competencia `futex.turn` cambia muy frecuentemente obligando a ejecutar `futex_wait` varias veces. No es sencillo obtener *mutex* equitativos y eficientes. Es una razón por la que ni el *mutex* de las librerías POSIX Threads ni los semáforos POSIX son equitativos.

Si es imprescindible un *mutex* equitativo se puede intentar con otra técnica: esperas activas.

7.7. Optimización con espera activa (*spin-then-block*)

Parece contraintuitiva, pero es posible optimizar considerablemente el *mutex* equitativo recurriendo a esperas activas limitadas. Si hay alta competencia y las secciones críticas son breves, conviene hacer una espera activa breve –en la entrada y la salida– para dar oportunidad a que el siguiente proceso obtenga el *lock* sin necesidad de pasar por la cola de bloqueados.

Se hace la espera activa en *lock* antes de llamar a `futex_wait`, y en *unlock* antes de `futex_wake`. El número de iteraciones de la espera activa debe estar limitada –a cien en el ejemplo– para no convertir al algoritmo en un *spinlock* que consuma mucha CPU (código completo en `fair_mutex_spin.c`).

```
def lock(futex):
    number = getAndAdd(futex.number, 1)
    tries = 0                        ❶
    while number != futex.turn
            and tries < 100:
        tries++;
    turn = futex.turn
    while number != turn:
        futex_wait(futex.turn, turn)
        turn = futex.turn

    futex.current = number  ❷
```

❶   Espera activa limitada a cien iteraciones.
❷   Campo adicional para indicar el número de turno del proceso que está en la sección crítica.

```
def unlock(futex):
    current = getAndAdd(futex.turn)
    tries = 0                        ❶
    while current != futex.current
            and tries < 100:
        tries++
    if current > futex.current:
        futex_wake(futex.turn, MAXINT)
```

❶   La espera activa antes de intentar el *wake*, también limitada a 100 iteraciones. Se usa el campo `futex.current` para verificar si el proceso al que le corresponde el turno entró a la sección crítica.

El tiempo de ejecución es ahora un poco más del doble que el original no equitativo y casi veinte veces menos que el equitativo sin espera activa.

```
$ time ./fair_mutex_spin
real    0m1.702s
user    0m2.804s
sys     0m3.898s
```

En algunas situaciones, como alta competencia y secciones críticas muy breves, son preferibles las esperas activas breves a los costosos cambios de contexto ([LockLess2]). Esta técnica es conocida como *spin-then-block* o *spin-and-park*, es muy usada en librerías y soportes *runtime* de lenguajes de programación. Por ejemplo, la máquina virtual de Java lo usa para la implementación de sus monitores nativos (Sección 8.1, "Monitores en Java").

7.8. Barreras

FUTEX no solo sirve para semáforos y *mutex*, también para mecanismos de sincronización más complejos como lectores-escritores, variables de condición, etc. Como último ejemplo veremos el algoritmo para implementar barreras de sincronización. La estructura tiene cuatro campos:

```
struct barrier {
    int lock;
    unsigned phase;
    unsigned processes;
    unsigned to_arrive;
};
```

- lock: Se usa como *mutex* para asegurar exclusión mutua interna. Se puede usar un entero o un puntero a cualquier estructura, es la variable *futex* para las funciones lock y unlock (igual que en el código de Sección 7.5, "*Mutex* de Drepper").

- phase: Indica la fase actual, comenzará desde cero y se incrementa con cada fase.

- processes: Se inicializa con el número de procesos o hilos que se sincronizarán en la barrera.

- to_arrive: El número de procesos que faltan por llegar al fin de la fase actual.

Los campos processes y to_arrive deben inicializarse con el número de procesos que se sincronizan. La función de sincronización es wait, su uso es idéntico a Sección 6.2.1, "Barreras":

```
while True:
    do_phase()
    wait(barrier)
```

El algoritmo, aunque más extenso que los habituales, es sencillo (código completo en barrier.c):

```
def wait(barrier)
    lock(barrier.lock);                              ❶
    barrier.to_arrive -= 1
    if barrier.to_arrive > 0:                        ❷
        phase = barrier.phase
        unlock(barrier.lock)
        futex_wait(barrier.phase, phase)
        while barrier.phase == phase:
            futex_wait(barrier.phase, phase)
    else:                                            ❸
```

```
        barrier.phase +=1                        ❹
        barrier.to_arrive = barrier.processes
        futex_wake(barrier.phase, MAXINT)    ❺
        unlock(barrier.lock)
```

❶ Hay que asegurar exclusión mutua para asegurar la atomicidad de las operaciones sobre los campos de la barrera.

❷ Faltan procesos por llegar.

❸ Ya llegaron todos.

❹ Se pasa a la siguiente fase.

❺ Desbloquea a todos los procesos.

7.9. Recapitulación

La programación con interfaces como FUTEX requieren conocimientos avanzados de sistemas operativos, instrucciones de hardware y los problemas de concurrencia y condiciones de carrera. Con las herramientas de sincronización que ofrecen los lenguajes modernos es muy difícil que surja la necesidad de programar con FUTEX, a menos que se trate de alguna aplicación para sistemas empotrados o de tiempo real.

Sin embargo, es interesante conocer cómo se implementa una interfaz de este tipo, dado que ayuda a comprender:

1. La necesidad y ventajas de las instrucciones de hardware y *spinlocks*, y cómo usarlos convenientemente con técnicas como *spin-then-block*.

2. Los detalles y decisiones técnicas a la hora de implementar primitivas de sincronización. Por ejemplo, por qué los semáforos son débiles, o cómo se gestiona la herencia de prioridades.

Capítulo 8. Monitores

Los semáforos se inventaron para resolver problemas de sincronización sin espera activa. Sin embargo, son primitivas de *bajo nivel*, no están estructuradas. Son propensas a provocar errores de programación y la responsabilidad recae completamente en los programadores. La omisión accidental de un *signal* o un *unlock* provoca fallos críticos.

Los monitores son una primitiva estructurada de programación concurrente que concentra la responsabilidad en los *módulos* de los programas. Son una generalización del núcleo de los primeros sistemas operativos. Con el tiempo, los monitores se convirtieron en un mecanismo de sincronización muy importante ya que son una generalización natural de la programación orientada a objetos ([Ben-Ari]).

Los monitores evolucionaron a partir de ideas y discusiones entre Edsger Dijkstra, Per Brinch-Hansen, Ole-Johan Dahl y C.A.R. Hoare ([Brinch]). Buscaban una forma de estructurar a los sistemas operativos usando lenguajes de alto nivel[1]. En 1973 fueron formalizados por Hoare en su notación más conocida ([Hoare1]).

La idea era que el sistema operativo es un conjunto de módulos, *schedulers*, que asignan recursos compartidos para diversos procesos. Llamaron *monitor* al conjunto de procedi-

---

[1] Le llamaron *monitor*, así es como se llamaban los antecesores de los modernos sistemas operativos en la década de 1950 y 1960.

mientos y datos que debía gestionar cada *scheduler*. Para evitar los problemas derivados de los accesos concurrentes cada monitor debía asegurar la exclusión mutua de la ejecución de sus procedimientos. Las variables del monitor solo podían ser accedidas desde estos procedimientos.

Brinch Hansen diseñó el primer *lenguaje concurrente, Concurrent Pascal*, basado en Pascal y con ideas de Modula67. Concurrent Pascal sirvió para el desarrollo de varios sistemas operativos experimentales y otros lenguajes como *Concurrent C, Mesa, ADA* y *Java*. Este último incluye monitores como construcción sintáctica: la combinación de métodos y bloques `synchronized` con las funciones de sincronización `wait`, `notify` y `notifyAll`.

En la propuesta original un monitor se declaraba de una forma similar a la siguiente[2]:

```
monitor Counter
    integer counter = 0

    procedure add
        counter = counter + 1
```

El monitor `Counter` tiene una variable `counter` y el procedimiento `add`. La variable es accesible solo desde este procedimiento.

Ningún procedimiento de un monitor se ejecutará si otro se está ejecutando, es decir, se asegura exclusión mutua en la ejecución de sus métodos. Como las variables solo son accesibles desde sus procedimientos, el problema de la sección crítica está resuelto.

8.1. Monitores en Java

La estructura de monitores que encapsula variables y procedimientos es similar al concepto de programación orientada a objetos. Esta es una de las razones por la que Java implementa monitores como construcción sintáctica del lenguaje. Aunque no tiene una construcción específica para definir monitores, cada objeto en Java tiene asociado un *mutex* implícito.

Dicho *mutex* se puede usar para forzar la exclusión mutua de un bloque de código indicando que está *synchronized* con el objeto. Como en el siguiente ejemplo (código completo en `CounterObject.java` del directorio `monitors/`):

```
    Object lock = new Object();
...
    for (int i =0; i < max; i++) {
        synchronized (lock) {
```

---

[2]La especificación original de Hoare fue en Pascal, en la bibliografía posterior se empezó a usar una notación sin la sobrecarga de tantos `BEGIN` y `END`.

```
        counter += 1;
    }
}
```

Java agrega automáticamente las operaciones *lock* y *unlock* sobre el *mutex* del objeto al inicio y salidas del bloque de código. La alternativa equivalente y más simple es declarar synchronized a los métodos que acceden a recursos compartidos, como el siguiente ejemplo (código completo en CounterMethod.java):

```
...
    synchronized void add() {
        counter++;
    }
...
        for (int i =0; i < max; i++) {
            add();
        }
```

En este caso el *mutex* está asociado a la propia instancia, el objeto this. El prefijo synchronized especifica que el hilo debe obtener el *lock* para ejecutar el método. Las llamadas a otros métodos retienen el acceso exclusivo hasta que se haya salido del método *synchronized*.

 ### Nota

Una clase cuyos métodos públicos están todos declarados como *synchronized* se denomina *monitor Java*. Aunque es solo una convención, no hay obligación sintáctica de hacerlo así.

Un error habitual de programadores no experimentados es suponer que el *mutex* de cada instancia es un *mutex* global que resguarda a los métodos sincronizados de todas las instancias de una clase. Un método de instancia synchronized solo asegura la exclusión mutua de ese método sobre la misma instancia. Cada instancia ejecuta sus métodos independientemente de las demás. Esto significa, por ejemplo, que no hay exclusión mutua si varias instancias modifican concurrentemente una variable estática desde un método de instancia synchronized. Para estos casos hay que definir explícitamente un objeto estático compartido por las diferentes instancias, o hacerlo desde un método de clase synchronized.

8.2. Variables de condición

La exclusión mutua entre procedimientos no es suficiente para la sincronización general entre procesos, por ello se añadieron dos operaciones: *wait* y *signal* (opcionalmente *broadcast*, similar a *wait* pero despierta a todos los hilos en la cola). Estas permiten bloquear y desbloquear procesos cuando se cumple alguna condición. Por ejemplo, para bloquear a los productores si el *buffer* está lleno y desbloquearlos cuando hay nuevamente espacio.

Las operaciones *wait* y *signal* se implementan de distintas formas:

Variables de condición explícitas

Se declaran explícitamente las *variables de condición* que se usarán en el programa. No son variables *normales*, no permiten almacenar o leer valores, solo pueden usarse como *receptoras* de *wait* y *signal*. Las variables de condición tienen asociada una cola de los procesos bloqueados en ellas. Es responsabilidad del programa la verificación de condiciones lógicas y la llamada a *wait* y *signal* sobre las variables de condición adecuadas.

El *signal* sobre una variable desbloquea a un proceso en esa variable, si no hay ninguno no tiene ningún efecto. Esta fue la implementación original en *Concurrent Pascal*, los lenguajes que tienen construcciones[3] de variables condicionales permiten mecanismos y algoritmos equivalentes.

Variables de condición implícitas

Las operaciones *wait* y *signal* no están ligadas a ninguna variable explícita, hay una única variable implícita con una única cola. Como no es posible señalizar a variables diferentes se requieren variables de estado adicionales. Un proceso que se desbloquea debe verificar esas variables de estado para decidir si le corresponde continuar (en general implica cambiar un `if` por un `while`).

Como en la forma anterior, si no hay ningún proceso bloqueado la operación *signal* no tiene efecto. Esta es la implementación de monitores en Java, la operación *wait* es el método homónimo, *signal* es `notify` y *broadcast* es `notifyAll`.

Objetos protegidos

El bloqueo y desbloqueo es automático y depende de expresiones lógicas, o *guards*. El compilador o la máquina virtual tienen la responsabilidad de bloquear al proceso si la condición es falsa y despertarlos si se hace verdadera.

Este tipo de mecanismo se denomina *tipo* u *objetos protegidos*. En ADA[4], por ejemplo, para que el método `Insert` solo se ejecute cuando la variable `Empty` es verdadera:

```
protected body Protected_Buffer_Type is
    entry Insert (An_Item : in Item)
        when Empty is        ❶
    begin
```

---

[3] C con POSIX Threads, Python, Ruby, Go… y la mayoría de lenguajes modernos.
[4] Del manual de programación de ADA [https://en.wikibooks.org/wiki/Ada_Programming/Tasking].

```
        . . .
      end
```

❶   La expresión lógica, o *guard*, de Insert.

Un monitor se suele representar gráficamente de la siguiente forma:

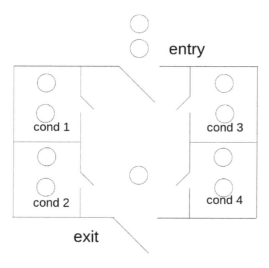

Figura 8.1. Monitores

Por la exclusión mutua solo un proceso puede estar *dentro* del monitor. Los procesos dentro del monitor pueden bloquearse en variables de condición, por lo que tienen que liberar temporalmente el *lock* para que otros puedan entrar. Para diferenciarlos de procesos que todavía no han entrado al monitor, a los bloqueados en variables de condición se los representan en *salas internas*.

Cuando un proceso que está dentro del monitor señaliza (*S*) a una variable de condición, si hay procesos esperando en variables de condición (*W*) y otros esperando para entrar al monitor (*E*), ¿se bloquea al proceso que señaliza? ¿A qué proceso se desbloquea primero?

8.2.1. Especificación de prioridades

Los monitores deben especificar la prioridad que dan a los diferentes tipos de procesos. Como comprobaremos enseguida, esa especificación es fundamental para el diseño de los algoritmos.

Hay tres alternativas habituales:

1. El proceso que estaba bloqueado en la variable de condición señalizada se debe reanudar inmediatamente. A esta condición se le llama *requerimiento de reanudación in-*

mediata (o *IRR, Immediate Resumption Requirement*). Es característica de los monitores tradicionales, su especificación de prioridades es

$$E < S < W.$$

Los procesos bloqueados en las variables de condición (W) son los de mayor prioridad, el proceso que señaliza (S) se bloquea inmediatamente y cede el monitor. Los que están esperando en la entrada (E) son los de menor prioridad.

2. El proceso que señaliza sale del monitor, luego se ejecutan los que estaban bloqueados en la variable de condición señalizada y finalmente los que esperan entrar al monitor. Esta especificación es

$$E < W < S.$$

3. Los procesos que están esperando para entrar tienen la misma prioridad que los bloqueados en variables de condición,

$$E = W < S.$$

Esta es la especificación de monitores en Java. El proceso que señaliza tiene la mayor prioridad, continúa su ejecución hasta salir del monitor. Los procesos desbloqueados por el `notify` o `notifyAll` van a la misma cola que los procesos en espera para entrar al monitor.

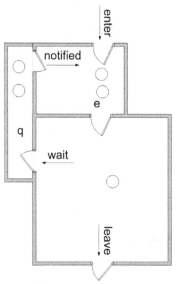

Figura 8.2. Monitores en Java[5], $E = W < S$

---

[5]Imagen Wikimedia [https://commons.wikimedia.org/wiki/File:Monitor_(synchronization)-Java.png] de Theodore Norvell

8.3. Semáforos

Hoare demostró ([Hoare1]) que los monitores son equivalentes a los semáforos ya que cualquiera de ellos se puede implementar con el otro. La simulación de semáforos con monitores es un buen ejemplo. Se necesita una variable entera para el valor del semáforo (`value`) y una variable de condición (`notZero`) para bloquear a los procesos en la operación *wait* si el semáforo es igual a cero.

El siguiente es el algoritmo de simulación de semáforos con monitores tradicionales:

```
monitor Semaphore
    integer value = k
    condition notZero

    operation wait
        if value == 0
            waitC(notZero)
        value = value - 1

    operation signal
        value = value + 1
        signalC(notZero)
```

El algoritmo es correcto pero tiene un matiz importante, requiere la *reanudación inmediata* (es decir $E < S < W$). Cuando un proceso ejecuta `signalC`, el proceso desbloqueado debe ejecutarse inmediatamente para evitar que `value` sea modificado por otro. Por ejemplo: uno que está a punto de ejecutar `wait` (como puede ocurrir en Java ya que la prioridad de ambos es la misma, $E = W$), o el mismo proceso que hizo el `signal` puede hacer otro `wait`. En ambos casos el valor del semáforo acabaría negativo, un error grave.

Si el monitor no asegura $E < S < W$, el proceso tiene que volver a verificar si la condición se mantiene al despertarse del `wait`. En este caso tiene que verificar si `value` sigue siendo distinto a cero.

En el método `wait` hay que cambiar el `if` por `while`:

```
    operation wait
        while value == 0
            waitC(notZero)
        value = value - 1
```

 Importante

La *reanudación inmediata* simplifica los algoritmos pero también genera retrasos innecesarios en los procesos que señalizan. Cuando no se cuenta con esta propiedad el patrón de programación correcto para verificar la condición es usar `while` en lugar de `if`.

El algoritmo modificado puede ser directamente traducido a Java. Se necesita la misma variable entera `value` e implementar el *wait* y *signal* como métodos *synchronized* (en este ejemplo se usa p y v para no confundir con el *wait* nativo de Java):

```java
class Semaphore {
    int value;

    public Semaphore(int v) {
        value = v;
    }

    synchronized void p() {
        while (value == 0) {
            wait();
        }
        value--;
    }

    synchronized void v() {
        value++;
        notify();
    }
}
```

`CounterSemaphore.java` es el código completo de la simulación semáforos. Este ejemplo es similar y equivalente al código con la clase `Semaphore` de `java.util.concurrent` que vimos en el Capítulo 6, *Semáforos*.

8.3.1. Mutex

La implementación de *mutex* es más sencilla (código completo en `CounterMutex.java`) que la de semáforos, solo hace falta una variable booleana (`lock`):

```java
class Mutex {
    boolean lock;

    synchronized void lock() {
        while (lock) {
            wait();
        }
        lock = true;
    }

    synchronized void unlock() {
        lock = false;
```

```
            notify();
    }
}
```

8.4. Variables condicionales de POSIX Threads

Los monitores no están limitados solo a construcciones sintácticas, también son una forma de estructurar los programas. Se pueden implementar los mismos algoritmos en cualquier lenguaje si se asegura exclusión mutua entre las funciones del *monitor* y se disponen de variables de condición. Las librerías POSIX Threads proveen ambas, además del *mutex* también ofrecen variables de condición idénticas a las diseñadas para monitores.

Las variables de condición de POSIX Threads tienen las operaciones estándar: *wait* (pthread_cond_wait), *signal* (pthread_cond_signal) y la operación *broadcast* (pthread_cond_broadcast) para despertar a todos los procesos (similar a notifyAll de Java).

Los monitores, y Java, requieren que *wait*, *notify* y *broadcast* se llamen desde métodos sincronizados. Para asegurar las mismas condiciones de entrada y salida de la *sección crítica* del monitor, POSIX Threads requiere que la función pthread_cond_wait se llame con un *mutex* asociado [6] como segundo argumento. Así pues, su funcionalidad es similar a Java: cuando el proceso se bloquea libera el *mutex* (es una operación atómica) y cuando se desbloquea lo vuelve a adquirir.

8.4.1. Semáforos con POSIX Threads

Para implementar semáforos con el *método* de monitores se necesita un *mutex*, una variable de condición y el valor del semáforo:

```
pthread_mutex_t mutex;
pthread_cond_t notZero;
int value = 1;
```

Se usa mutex para asegurar la exclusión mutua entre las dos operaciones (p y v), la variable de condición notZero para los procesos bloqueados en el *wait* y value para el valor del semáforo. Salvo las llamadas explícitas a *lock* y *unlock* (al inicio y fin de cada función respectivamente), el resto del código es idéntico a la implementación de semáforos con monitores en Java.

El código simplificado [7] (código completo en semaphore.c):

---

[6] Además es necesario que se llame al *wait* con el *mutex* ya adquirido para que no se pierdan *signals*.

[7] Para que no superen los márgenes no incluí el código de inicialización y abrevié las llamadas pthread_*.

```
void p() {
    mutex_lock(&mutex);
    while (value == 0) {
        cond_wait(&notZero, &mutex);
    }
    value--;
    mutex_unlock(&mutex);
}

void v() {
    mutex_lock(&mutex);
    value++;
    cond_signal(&notZero);
    mutex_unlock(&mutex);
}
```

En la llamada a `cond_wait`, además de la variable de condición, se envía como argumento el `mutex` del *monitor* para cumplir con los requisitos de monitores:

- El *mutex* es liberado cuando el proceso se bloquea en una variable de condición, así puede entrar otro proceso.

- El *mutex* vuelve a adquirirse en cuanto el proceso es despertado por un *signal* y así asegura la exclusión mutua en el monitor. El proceso despertado no podrá continuar hasta que el que señalizó haya ejecutado el *unlock* al final de su función.

El proceso que se despierta en la variable de condición compite en la entrada con los demás procesos en la cola de *mutex*. Así pues, las prioridades de monitores con POSIX Threads son idénticas a las de Java: $E = W < S$.

8.4.2. Mutex con POSIX Threads

La implementación de un semáforo *mutex* es igual de sencillo que el de Java, el código simplificado (código completo en `mutex.c`):

```
void lock() {
    mutex_lock(&mutex);
    while (locked) {
        cond_wait(&unLock, &mutex);
    }
    locked = 1;
    mutex_unlock(&mutex);
}

void unlock() {
    mutex_lock(&mutex);
    locked = 0;
    cond_signal(&unLock);
    mutex_unlock(&mutex);
```

}

8.5. Algoritmos de sincronización

En el Capítulo 6, *Semáforos* vimos algunos algoritmos de sincronización, no se pretende resolver todos los problemas con dichos algoritmos, ni que se deban reprogramar cada vez que se necesitan (la mayoría de ellos ya están disponibles como librerías). Los estudiamos porque son modelos simples de los diferentes tipos de problemas de programación concurrente.

La mala noticia es que con monitores haremos lo mismo, estudiaremos los algoritmos para resolver los mismos problemas. La buena noticia es que los problemas (barreras, productor-consumidor, lectores-escritores, etc.) ya nos son conocidos por lo que no habrá que repetir la presentación de cada uno de ellos. La segunda buena noticia es que los algoritmos con monitores son más sencillos que sus equivalentes con semáforos.

8.5.1. Barreras

El algoritmo de barreras con monitores es significativamente más sencillo con monitores que con semáforos. En Java solo hace falta un contador (`arrived`) inicialmente en cero. Cuando cada proceso ejecuta `barrier` se incrementa el contador, si todavía no es el último se bloquea con `wait`. Si es el último proceso en llegar pone a cero el contador y despierta a todos los procesos con `notifyAll` (código completo en `Barrier.java`):

```
synchronized void barrier(int n) {
    arrived++;
    if (arrived == n) {
        arrived = 0;
        notifyAll();        ❶
    } else {
        wait();
    }
}
```

❶   Despierta a todos los procesos bloqueados.

El proceso que ejecuta `notifyAll` es siempre el último proceso que faltaba por llegar a la barrera. El método *sincronized* `barrier` asegura exclusión mutua en el bloque que cambia el valor de `arrived`, por lo tanto todos los procesos anteriores ya ejecutaron el `wait` y están bloqueados. No se pueden perder señales ni dejar procesos sin despertar.

Tampoco se puede adelantar ningún proceso, la asignación de `arrived` y el `notifyAll` son atómicas. Cuando el primer proceso de la siguiente fase pueda entrar en `barrier` el valor de `arrived` ya será 0, por lo que quedará bloqueado en el `wait` (por ser menor que n).

Este algoritmo funciona aunque el monitor tenga especificación diferente a $E = W < S$ –por ejemplo $E < S < W$–, porque el valor de `arrived` fue asignado antes de ejecutar `notifyAll`.

Monitores con Python

Así como existen las variables condicionales en POSIX Threads, otros lenguajes también proveen las mismas funcionalidades[8]. En Python se puede usar un objeto de `threading.Condition` asociado con el *mutex* de las funciones del monitor. Además del contador `arrived` se usa `mutex` y la variable de condición `allArrived` sobre la que se señalizará cuando todos los procesos hayan llegado.

```
mutex = threading.Lock()
allArrived = threading.Condition(mutex)
arrived = 0
```

El código simplificado de la función `barrier` (código completo en `barrier.py`):

```
def barrier(n):
    with mutex:                ❶
        arrived += 1
        if arrived == n:
            arrived = 0
            allArrived.notify_all()
        else:
            allArrived.wait()
```

❶   `with mutex` asegura exclusión mutua de todo el bloque, en este caso es la función completa.

La función *broadcast* simplifica el algoritmo, sin ella habría que hacer tantos *signals* como procesos bloqueados. A diferencia de la barrera con semáforos, en este caso no es un problema, solo hay que agregar un bucle. El *mutex* de la función impide que procesos desbloqueados se adelanten y ejecuten el `wait` cuando todavía no se acabó de despertar a los procesos anteriores. Es una ventaja de usar el *patrón* de monitores.

8.5.2. Productores-consumidores

El algoritmo de productores-consumidores con *buffer* finito se puede implementar con dos variables de condición (código Python completo en `producer-consumer.py`): una

---

[8] En Java también se pueden usar variables condicionales asociadas a un *lock*, se implementa en la clase `Lock` de `java.util.concurrent.locks`. De una instancia de `Lock` se pueden obtener las variables de condición necesarias, por ejemplo: `lock.newCondition()`

para bloquear los productores cuando el *buffer* está lleno (notFull) y otra para bloquear a los consumidores (notEmpty) cuando no hay elementos en el *buffer*.

La lógica del productor es sencilla. Mientras el *buffer* está está lleno se bloquea en not-Full. Después de agregar un elemento se hace un *signal* a notEmpty para que se despierte un consumidor (si hay alguno esperando).

```python
def append(self, data):
    with mutex:
        while len(buffer) == buffer.maxlen:
            notFull.wait()
        buffer.append(data)
        notEmpty.notify()
```

El consumidor se bloquea si el *buffer* está vacío y luego de obtener un elemento señaliza notFull por si hay productores bloqueados.

```python
def take(self):
    with mutex:
        while not buffer:
            notEmpty.wait()
        data = buffer.popleft()  ❶
        notFull.notify()
        return data
```

❶   Extrae el primer elemento de la lista.

El algoritmo es correcto porque asegura que el productor no puede avanzar si no hay espacio en el *buffer*, ni los consumidores si el *buffer* está vacío. Mientras se hace la verificación del estado del *buffer* ningún otro proceso puede agregar o quitar elementos debido a la exclusión mutua entre métodos del monitor.

En los monitores nativos de Java no se pueden usar diferentes variables de condición, pero el algoritmo es casi idéntico (código completo en ProducerConsumer.java):

```java
synchronized int take() {
    while (buffer.isEmpty()) {
        wait();
    }
    data = buffer.remove();
    notifyAll();
    return data;
}

synchronized void append(Integer data) {
    while (buffer.size() == size) {
```

```
        wait();
    }
    buffer.add(data);
    notifyAll();
}
```

Al no poder disponer de variables independientes los productores y consumidores comparten la misma cola, por lo que no se puede discriminar a qué procesos hay que desbloquear. Ambos llaman a `notifyAll` para que todos –productores y consumidores– verifiquen si pueden continuar. Como la verificación se hace dento de un `while` el algoritmo también es correcto, pero potencialmente más ineficiente[9]: cuando un productor o consumidor ejecuta `notifyAll` se despiertan todos los productores y consumidores bloqueados, aunque solo uno de ellos podrá salir del bucle y añadir o quitar un elemento.

8.5.3. Lectores-escritores

Se usan dos variables de condición: `canRead` para notificar a los lectores y `canWrite` para los escritores. También una variable entera `readers` para contar los lectores en la sección crítica y la booleana `writing` para indicar si hay un escritor (código completo en `rw_lock.py`).

Si hay un escritor en la sección crítica los lectores esperarán en la variable `canRead` hasta que el escritor señalice y comprueben si pueden entrar. Si es el caso, incrementan el número de lectores y señalizan a `canRead` para que los lectores bloqueados puedan avanzar.

Lectores

```
def reader_lock():
    with mutex:
        while writing:
            canRead.wait()      ❶
        readers += 1
        canRead.notify()        ❷
```

❶   Espera si hay escritores.
❷   Para que puedan entrar otros lectores.

A la salida los lectores verifican si ya no quedan otros lectores, si es así señalizan para que puedan entrar los escritores bloqueados.

```
def reader_unlock():
    with mutex:
        readers -= 1
```

---

[9]Lo comprobaremos un poco más adelante.

```
    if not readers:
        canWrite.notify()    ❶
```

❶   Si es el último lector desbloquea a los escritores bloqueados.

Los escritores se bloquean en la variable `canWrite` si hay otros lectores o un escritor. Cuando la condición sea falsa podrán entrar y asignarán `True` a `writing` para bloquear a los siguientes lectores y escritores.

Escritores

```
def writer_lock():
    with mutex:
        while writing or readers:
            canWrite.wait()     ❶
        writing = True
```

❶   Espera si hay lectores o escritores.

Cuando el escritor sale señaliza a lectores o escritores, cualquiera de ellos podrá entrar a continuación.

```
def writer_unlock():
    with mutex:
        writing = False
        canRead.notify()   ❶
        canWrite.notify()  ❷
```

❶❷ Señaliza a lectores y escritores.

La última parte –la señalización a `canRead` y `canWrite`– puede modificarse para dar prioridad a lectores o escritores. Una forma de hacerlo es verificar la cola de bloqueados en cada variable de condición. Si se quiere dar prioridad a los lectores se verifica `canRead` y si tiene procesos bloqueados se señaliza solo a ella. Lo mismo puede hacerse con `canWrite` para dar prioridad a los escritores.

Escritores con espera limitada

Aunque el escritor que sale dé prioridad a otro escritor, los escritores pueden sufrir inanición si no dejan de llegar nuevos lectores mientras hay otros en la sección crítica. Se puede asegurar la espera limitada de escritores si antes de entrar los lectores verifican si hay algún escritor bloqueado en `canWrite`:[10]

---

[10] Cuando se trabaja con monitores y variables de condición es relativamente sencillo agregar nuevas condiciones.

```
def reader_lock():
    with mutex:
        while writing or not empty(canWrite):
            canRead.wait()
        readers += 1
        canRead.notify()
```

Lectores-escritores con Java

En Java no se pueden usar dos variables de condición por lo que hay que recurrir al `notif-yAll` para desbloquear a lectores y escritores (código completo en `ReaderWriter.java`). Se necesitan dos variables, el contador de lectores (`readers`) y una booleana que indicará si hay un escritor en la sección crítica (`writing`).

Los lectores solo se bloquean si hay un escritor, cuando entran hacen el `notifyAll` para que puedan entrar otros lectores que bloqueados en `wait` (también despertará a los escritores, que volverán a bloquearse inmediatamente).

Lectores

```
synchronized void readerLock() {
    while (writing) {
        wait();
    }
    readers++;
    notifyAll();
}
```

El último lector en salir debe hacer el `notifyAll` para que puedan entrar los escritores bloqueados.

```
synchronized void readerUnlock() {
    readers--;
    if (readers == 0) {
        notifyAll();
    }
}
```

Los escritores quedan bloqueados si hay otro escritor o lectores en la sección crítica.

Escritores

```
synchronized void writerLock() {
    while (writing || readers != 0) {
        wait();
    }
```

```
        writing = true;
}
```

El escritor que sale señaliza para que puedan entrar los siguientes lectores y escritores.

```
synchronized void writerUnlock() {
    writing = false;
    notifyAll();
}
```

No se puede decidir ni conocer a priori si entrarán lectores o un escritor. Depende de cuál se ejecute primero, no está definido por la política de las colas de espera y depende del *scheduler*. Al igual que el anterior, este algoritmo da prioridad a los lectores. Si se desea que los escritores tengan prioridad se puede agregar un contador de número de escritores esperando y hacer que los lectores se bloqueen en la entrada si este contador es mayor que cero.

Por ejemplo:

```
synchronized void readerLock() {
    while (writing || waiting > 0) {
        wait();
    }
    readers++;
    notifyAll();
}
```

8.5.4. Filósofos cenando

Con la solución con semáforos de los filósofos cenando (Sección 6.3, "El problema de los filósofos cenando") aprendimos los problemas de eficiencia e interbloqueos provocados por un diseño descuidado. Planteado de forma correcta, el algoritmo con monitores es más simple y menos propenso a sufrir los problemas de semáforos. Debido a la exclusión mutua entre métodos, hay más *libertad* para verificar y modificar las variables compartidas sin la preocupación de provocar condiciones de carrera o interbloqueos. Pero hay que ser meticulosos en verificar si se cumplen las condiciones después de que un hilo fue desbloqueado.

El caso de los filósofos es otro ejemplo notable –como el de barreras– de la simplicidad que aportan los monitores. En los algoritmos con semáforos casi todo el código se ejecutaba dentro de una sección crítica, la excepción eran las operaciones bloqueantes de semáforos (i.e. los *wait* de sincronización) que deben estar fuera de la sección crítica para evitar interbloqueos. Ese problema ya no existe con las variables de condición, el proceso que se bloquea automáticamente *libera* el monitor.

Puede diseñarse un clase monitor para toda la *mesa*: los filósofos deben llamar a sus métodos para tomar y soltar los tenedores (`pick` y `release` respectivamente). El algoritmo simplificado en Java es el siguiente (código completo en `Philosopher.java`):

```java
class Table {
    boolean forks[];

    synchronized void pick(int l, int r) {
        while (! forks[l] || ! forks[r]) {
            wait();
        }
        forks[l] = false;
        forks[r] = false;
    }

    synchronized void release(int l, int r) {
        forks[l] = true;
        forks[r] = true;
        notifyAll();
    }
}
```

El array `forks` mantiene el estado de cada tenedor, `true` si está disponible. El método `pick` es simple: si ambos están disponibles los toma poniendo en `false` al estado de los dos, caso contrario llama a `wait` para bloquearse hasta que sus vecinos liberen los tenedores. La liberación de ambos tenedores (`release`) consiste en marcarlos como libres y señalizar por si hay filósofos esperando por alguno de los tenedores que acaba de liberar.

El algoritmo cumple los requisitos de filósofos, es óptimo y no produce interbloqueos porque no hay *retención y espera*. La simplicidad de este algoritmo comparado con el de semáforos[11] es también notable.

Con variables de condición

A pesar de su simplicidad se puede observar otra vez la potencial ineficiencia, la *tormenta* de procesos desbloqueados provocada por el `notifyAll`. Cada vez que un filósofo deja sus tenedores despierta a todos, aunque estén bloqueados esperando por tenedores diferentes. Para desbloquear selectivamente se necesitan diferentes variables de condición, pero el monitor nativo de Java no lo permite. Se pueden usar las clases de sincronización de `Lock` y las variables de condición asociadas que se obtienen con `lock.newCondition()`.

El siguiente es un algoritmo con diferentes variables de condición (código en Java `PhilosopherConditions.java` y el equivalente en Python `philosophers.py`). El array `forks` ahora se usa para indicar cuántos tenedores están disponibles para cada filó-

---

[11] Sección 6.3.2, "Solución óptima"

sofo (inicialmente dos). Cuando un filósofo toma los tenedores decrementa los disponibles de sus vecinos y los incrementa cuando los libera.

CanEat es un array de variables de condición para bloquear a los filósofos que no tienen los dos tenedores disponibles. Las variables left y right representan a los vecinos de un filósofo. El vecino de la izquierda del *filósofo$_0$* es *filósofo$_4$* y *filósofo$_1$* el de la derecha[12].

Cada variable de condición del array canEat corresponde a un filósofo, cuando estos dejan los tenedores señalizan solo a los vecinos que tienen los dos tenedores disponibles. Si los filósofos están bloqueados serán despertados, en caso contrario la señal es ignorada.

```python
def pick():
    with mutex:
        while forks[i] != 2:
            canEat[i].wait()
        forks[left] -= 1
        forks[right] -= 1

def release():
    with mutex:
        forks[left] += 1
        forks[right] += 1
        if forks[left] == 2:        ❶
            canEat[left].notify()
        if forks[right] == 2:       ❷
            canEat[right].notify()
```

❶❷   Solo señaliza a sus vecinos que tienen los dos tenedores libres.

8.6. Eficiencia de Monitores

Los monitores aseguran la ejecución atómica de sus procedimientos –los *serializan*–. Esta característica dificulta implementaciones eficientes para multiprocesamiento. No hay muchos lenguajes modernos con los que comparar las diferencias entre semáforos y monitores nativos, pero al menos podemos intentarlo con Java. Es uno de los lenguajes más usados, es eficiente gestionando hilos y su modelo de memoria está bien definido.

8.6.1. Exclusión mutua

Para comparar los tiempos se usaron los programas de ejemplos de *mutex* en C con POSIX Threads y los tres mecanismos de exclusión mutua de Java: la clase Lock, Semaphore

---

[12]En Python se calcula con (i - 1) % N y (i + 1) % N respectivamente, pero puede dar valores negativos, no hay un estándar sobre el módulo de números negativos. Python devuelve N - 1 pero Java -1, la forma de asegurar que funcione en cualquier lenguaje es forzando a que sea positivo con (i + N - 1) % N.

y con un método *synchronized* explicado más arriba. Para obtener datos más fiables se hicieron con cien millones de iteraciones en lugar de los diez millones de los ejemplos anteriores.

El siguiente gráfico muestra los tiempos de reloj en segundos de cada uno de los programas:

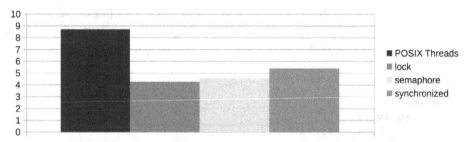

Figura 8.3. Tiempos de ejecución de los diferentes mecanismos de exclusión mutua

Puede sorprender que todos los tiempos de Java sean considerablemente inferiores a la mejor implementación posible en C (POSIX Threads con *mutex* de las mismas librerías). Esto se debe a las optimizaciones –con técnicas que estudiamos en *spinlocks*– de los mecanismos de sincronización en la máquina virtual de Java (explicados más adelante)

Los demás tiempos en Java son muy similares, no sorprende, ya que comparten código e infraestructura de la máquina virtual. La clase Lock es la que mejor resultados obtiene porque está optimizada para exclusión mutua. Pero los tres mecanismos son muy similares en eficiencia.

 ## Implementación de monitor nativo en Java

La eficiencia de la exclusión mutua de los monitores en Java se debe a la implementación sofisticada de la máquina virtual con técnicas que vimos antes: instrucción *CAS*, *spinlocks*, *spin then block* y bloqueo de hilos (usando las librerías de hilos estándares de cada sistema operativo). La entrada a la sección crítica de métodos o bloques *synchronized* está gestionado por tres colas diferentes, un hilo puede estar solo en una de ellas:

1. *cxq* (cola de competencia *contention queue*): Los hilos recién llegados (*RAT*: *Recently Arrived Thread*) entran primero a esta cola libre de bloqueos usando la instrucción atómica *CAS*, el *spinlock* está optimizado con *spin/park* .[13] La cola tiene varios productores –los hilos que desean entrar al monitor– y un único consumidor que los mueve a la siguiente cola.

---

[13] Sección 7.7, "Optimización con espera activa (*spin-then-block*)"

2. *EntryList*: Pasado un tiempo los hilos bloqueados pasan a esta cola. Todavía no pueden entrar al monitor desde *EntryList*, tienen que hacerlo desde la siguiente.

3. *OnDeck*: Para cada monitor solo puede haber un proceso en *OnDeck*, es el que puede entrar al monitor.

Los hilos bloqueados en el `wait` del monitor se añaden a la cola *WaitSet*, el `notify` o `notifyAll` simplemente transfieren el o los hilos de esta cola a *cxq* o *EntryList*.

8.6.2. Barreras con semáforos vs. monitor

Las barreras son un buen ejemplo para comparar la eficiencia entre semáforos y monitores porque además de exclusión mutua incluyen sincronización. Para hacer las mediciones se ejecutaron los programas con cien mil fases sin demoras entre ellas.

El gráfico muestra dos grupos: a la izquierda los tiempos con programas en C y POSIX Threads, a la derecha implementados con Java. La barra azul en cada grupo (izquierda) representa los tiempos de ejecución con semáforos (vistos en Sección 6.2.1, "Barreras"), la barra roja con monitores.

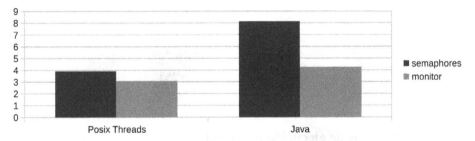

Figura 8.4. Tiempos de ejecución barreras en C y Java

En ambos casos la implementación con monitores es la más eficiente. Incluso con POSIX Threads que no cuenta con monitores nativos, sino construidos programáticamente. Además de ser más eficientes, los algoritmos con monitores son más simples que los de semáforos.

La mayor parte de la sincronización se hace dentro de una sección crítica, con semáforos (o *mutex*) los procesos deben salir de ella antes de bloquearse. Con monitores no hace falta hacerlo explícitamente, las variables de condición están diseñadas o optimizadas para estas situaciones.

Este ejemplo muestra otra vez las ventajas de los monitores. Facilitan el diseño de algoritmos más sencillos y menos propenso a errores y, con el uso apropiado, son más eficientes.

Sugerencia

En algunos casos merece la pena diseñar e implementar los algoritmos con el *patrón* de monitores, aún en lenguajes que no tienen construcciones sintácticas o soporte nativo de monitores.

8.6.3. Filósofos y variables de condición

En el algoritmo de filósofos se planteó el problema de que con la variable implícita nativa del monitor se despertaba a todos los procesos. La solución fue usar variables explícitas para despertar solo al que corresponde. Pero ¿vale la pena complicar el algoritmo por la mejora que se obtiene?

Para poder comparar se eliminaron las esperas en *comer* y *pensar*, cada proceso tomará y dejará los tenedores sin demoras. Para que las mediciones sean más fiables se subió el número de operaciones *comer* a un millón para cada filósofo.

El gráfico siguiente muestra los tiempos de CPU y real de ambas versiones, solo con monitores nativos (*native*, en azul a la izquierda) y con las variables de condición de la clase Lock (en rojo, a la derecha):

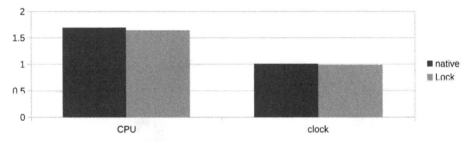

Figura 8.5. Tiempos de ejecución de filósofos

La diferencia es mínima, despreciable, a favor de la implementación con variables de condición. Parece lógico que es así porque son solo cinco procesos. Para comprobarlo hice pruebas con 5, 10, 20, 50 y 100 hilos (o filósofos). Sus tiempos son los siguientes:

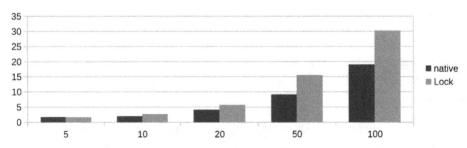

Figura 8.6. Tiempos de CPU de 5 a 100 filósofos

Los resultados son contraintuitivos, a medida que aumenta el número de hilos la solución con la variable nativa tiene mejor comportamiento relativo que el algoritmo con varias variables y colas. Las optimizaciones meticulosas de la máquina virtual tienen mucho que ver. En todo caso, es contraproducente optimizar prematuramente basado en suposiciones, sobre todo en programación concurrente.

8.7. Recapitulación

Los semáforos no proveen una construcción estructurada que encapsule métodos y variables modificadas concurrentemente. Los *monitores* se diseñaron para solventar esta deficiencia, son una abstracción más estructurada que facilita el diseño de algoritmos de sincronización. No todos los lenguajes implementan la definición original de Hoare, pero prácticamente todos ofrecen los mecanismos para implementarlos metodológicamente: *mutex* y variables de condición.

En este capítulo hemos visto cómo diseñar algoritmos de sincronización basados tanto en monitores implementados a nivel sintáctico –como en Java– como los construidos por el programador. Puede parecer que la serialización impuesta por los monitores provocan ineficiencias importantes, pero vimos que no siempre es así. En algunos problemas – como las barreras– los monitores no solo permiten algoritmos concurrentes más simples, también más eficientes.

Los monitores, como los semáforos, carecen de una característica deseable en concurrencia: la comunicación entre procesos. Este problema lo resuelven los *mensajes* o *canales*, el tema del próximo capítulo.

Capítulo 9. Canales

Las construcciones de programación concurrente anteriores –algoritmos, *spinlocks*, semáforos y monitores– solo funcionan en sistemas de memoria compartida. Los canales no tienen esta restricción. Además de su capacidad de sincronización equivalente sirven para comunicación por intercambio de *mensajes*. Estos se transfieren con las operaciones atómicas *send* y *receive* entre procesos remitentes (*sources*) y receptores (*receivers*). Según el comportamiento de las dos operaciones se distinguen dos tipos de comunicación:

Comunicación síncrona

En este tipo de comunicación se requiere que ambos procesos estén sincronizados (*rendevouz*). El remitente se bloquea en el *send* hasta que el receptor ejecuta el *receive*. Y viceversa, el receptor se bloquea hasta que el remitente envía el mensaje.

Comunicación asíncrona

Alternativamente, se puede permitir que el remitente envíe el mensaje y continúe su ejecución sin esperar a que el receptor lo reciba. La comunicación asíncrona requiere que el canal tenga un *buffer* para almacenar los mensajes (también llamado buzón o *mailbox*). La capacidad del *buffer* depende del canal pero siempre es finito. Si no hay receptores el *buffer* acabará llenándose y hará que los remitentes se bloqueen.

Aunque hay sistemas con canales que admiten *multidifusión* (*broadcast*), en general los mensajes tienen destinatarios. Hay dos formas básicas de especificarlos (*addressing*):

- Identificando explícitamente al proceso receptor (como en Erlang, se indica el explícitamente al receptor).

- Identificando al canal. En este caso el canal puede admitir solo un remitente y receptor (también llamado *pipe*, un servicio estándar en Unix), o no imponer restricciones al número de procesos que pueden enviar o recibir (como en Go).

Los canales pueden ser de tipo estático (como en Go) o de tipos dinámicos (como en Erlang). Los canales de comunicación pueden asegurar la entrega de mensajes en el mismo orden del envío (canales FIFO) o pueden entregarlos en orden arbitrario. Unos pueden asegurar la recepción de cada mensaje (*reliable*, habitual en sistemas de memoria compartida), otros pueden descartar mensajes (*best-effort*) por errores de transmisión.

9.1. *CSP* (1978)

El concepto de canales como mecanismo de sincronización entre procesos fue introducido por Hoare en su artículo seminal[1] *Communicating Sequential Processes* ([Hoare]). En él definió un modelo formal, *CSP*, para describir la interacción entre procesos genéricos independientes que no comparten memoria y cuya única forma de comunicación y sincronización es el intercambio de *mensajes*.

La entrada de un proceso es la salida de otro, ambos se ejecutan de forma asíncrona y posiblemente en paralelo pero se sincronizarán en los puntos de entrada/salida. *CSP* define dos operadores entre procesos: ? para indicar la entrada de un proceso (equivalente a *receive*) y ! para la salida (*send*).

Ejemplos:

Leer desde el proceso *XY* y almacenar el contenido en las variables *x*, *y*:

```
XY?(x, y)
```

Enviar el contenido de las variables *x* e *y* al proceso *DIV*:

```
DIV!(x, y)
```

El primer lenguaje que se desarrolló con este modelo fue occam (1983) de David May (con la colaboración de Hoare) para la empresa británica INMOS, diseñadora de los procesadores *Transputer*. Con el tiempo se desarrolló una rama de lenguajes siguiendo este modelo: *Erlang* (Armstrong, Virding y Williams, 1986), *Newsqueak* (Rob Pike, 1988), *Concurrent ML* (John Reppy, 1993), *Alef* (Phil Winterbottom, 1995) y *Limbo* (Dorward,

---

[1] De lectura muy recomendada, uno de los artículos de *Ciencias de la Computación* más relevantes. En solo doce páginas introduce y unifica formal y elegantemente conceptos importantes que dieron origen a varios lenguajes y tecnologías innovadoras.

Pike y Winterbottom, 1996). Erlang es el más exitoso de todos ellos, sigue siendo muy usado para sistemas concurrentes[2].

 ## Erlang

Erlang fue diseñado en Ericcson para sus sistemas concurrentes de alta disponibilidad. No comparte estado entre los diferentes hilos de ejecución. Los canales, como en *CSP*, son la única forma de comunicación y sincronización.

La comunicación es asíncrona, los mensajes se depositan en *buzones* desde donde son recogidos por la especificación de patrones en el receptor (similar a los *guard commands* de Dijkstra, también parte de *CSP*). Por todas estas características se dice que Erlang sigue el modelo de *actores* ([Agha]).

9.2. Canales en Go

En 2010 Google publicó la primera versión estable del lenguaje Go diseñado por Robert Griesemer, Rob Pike y Ken Thompson. Es un lenguaje moderno, software libre[3], implementa el modelo *CSP* con canales. Sus operaciones y la creación de hilos ligeros son construcciones sintácticas. Además permite la ejecución en paralelo especificando el número de hilos nativos del sistema operativo (*threads*) que pueden crearse. Estas características favorecen la especificación compacta y legible de los algoritmos, por ello todos los ejemplos de este capítulo están en Go.

Go incluye dos mecanismos para facilitar la programación concurrente y la ejecución en paralelo:

Hilos ligeros (o *green threads*)

Las llamadas a funciones precedidas por la instrucción go –llamadas *goroutines*– hacen que estas se ejecuten de forma asíncrona, como un hilo independiente. No son hilos nativos del sistema operativo, sino una pequeña pila de tamaño variable gestionada y planificada (*scheduling*) internamente por las librerías *runtime*. Independientemente de las *goroutines* también se pueden crear hilos nativos para ejecución en paralelo. El número de hilos nativos se define con `runtime.GOMAXPROCS`. La planificación y ejecución de las *goroutines* en los diferentes hilos nativos se hace de forma automática y transparente al programador.

Canales

Los canales son objetos de primer orden, pueden ser pasados como argumentos en funciones, *goroutines* y hasta en mensajes[4]. La implementación de canales está di-

---

[2]La mayoría de los lenguajes modernos tienen algún tipo de soporte de canales o sincronización por mensaje. Si no es por una construcción sintáctica del lenguaje lo hacen vía clases o librerías
[3]Como todos los que usé en los ejemplos de este libro.
[4]Por ello se dice que Go también implementa el modelo *cálculo-π*.

rectamente inspirada en *CSP* y con ideas ya usadas en Newsqueak y Limbo. Por defecto los canales son síncronos pero también pueden ser asíncronos si se especifica el tamaño de *buffer* cuando se inicializan (con `make`). Los canales son de tipo estático, pueden ser tipos nativos o cualquier tipo definido por el programador. La operación de envío o recepción de mensajes tiene la forma `recipiente <- origen`, donde `recipiente` y `origen` pueden ser indistintamente canales o variables.

La siguiente línea crea un canal de tipo entero:

```
ch := make(chan int)
```

El canal `ch` tiene *buffer* cero por lo que será un canal síncrono, si se desea un canal asíncrono hay que especificar el tamaño del *buffer* en el segundo argumento de `make`:

```
ch := make(chan int, 256)
```

Enviar el contenido de la variable `message` al canal `ch`:

```
ch <- message
```

Leer un mensaje del canal `ch` y almacenarlo en la variable `message`:

```
message = <-ch
```

Leer un mensaje de `ch` y descartar su valor:

```
<-ch
```

En los ejemplos en Go de capítulos anteriores se usó el canal `done` para hacer que el programa principal espere por la finalización de las *goroutines*:

```
func run(done chan bool) {
    ...
    done <- true
}

func main() {
    done := make()
    go run(done)
    <-done
}
```

Dado que implementan variantes del modelo *CSP* y gestionan los *hilos ligeros* de forma muy similar, es inevitable –y habitual– la comparación entre Erlang y Go. Aunque ambos implementan el modelo *CSP* derivan de ramas históricas diferentes. Sus diferencias clave son:

- En Erlang como en *CSP* original[5] se especifica al proceso receptor. En Go se especifica el canal, cualquier proceso puede recibir o enviar al mismo canal.

- En Erlang se pueden enviar diferentes tipos de mensajes a cada proceso. Estos se depositan en un buzón y son recogidos según las reglas especificadas (*guard commands*) en el receptor. Los canales en Go son de tipos estáticos y la entrega de mensajes es en orden FIFO.

- Erlang sigue el modelo de *actores*, no se permite la compartición de memoria entre los diferentes hilos (*share nothing* forzado). Aunque en Go se recomienda que toda compartición se haga mediante mensajes, es posible –a veces inevitable– compartir datos vía variables globales (como hemos visto en los ejemplos de capítulos anteriores) o incluso pasando punteros en los mensajes.

El siguiente ejemplo de Erlang define una función anónima que recibe un mensaje y lo imprime por consola. El programa crea un nuevo hilo ligero con spawn y almacena su identificación en Pid, posteriormente le envía el mensaje Hello (con el símbolo ! como en *CSP* original de Hoare):

```
Pid = spawn(fun() ->
        receive Message ->
            io:format("Message: ~s", [Message])
        end
    end).

Pid ! "Hello".
```

El siguiente es el programa equivalente en Go.

```
channel := make(chan string)
go func() {
    fmt.Println("Message:", <-channel)
}()

channel <- "Hello"
```

Los programas son equivalentes y muy similares. Las diferencias fundamentales son la especificación del destinatario del mensaje y que en Erlang no hace falta crear canales explícitamente.

9.3. Barreras

Las barreras de sincronización[6] son un buen ejemplo para introducir el uso de canales como mecanismos de sincronización.

---

[5] Aunque Hoare planteó la alternativa *atractiva* (sic) equivalente de nombrar o etiquetar a los canales.
[6] Sección 6.2.1, "Barreras"

9.3.1. Barreras binarias

Una barrera para dos procesos es, al igual que con semáforos, un ejemplo sencillo para implementar con mensajes. Dos procesos, A y B, deben coordinarse: A no debe pasar de un punto hasta que B haya llegado, y viceversa.

La solución con semáforos requería dos, con canales es similar. La primera idea suele ser que cada proceso envíe un mensaje a su canal en cuanto llegue al punto de sincronización y a continuación espere un mensaje en el canal del otro proceso. Por ejemplo:

```
    ch_a = make(chan bool)
    ch_b = make(chan bool)

A                         B

...                       ...
ch_a <- true              cha_b <- true
<-ch_b                    <-ch_a
...                       ...
```

El código anterior es erróneo, produce interbloqueo. El *runtime* de Go interrumpirá el programa completo y avisará del *deadlock*.

```
fatal error: all goroutines are asleep - deadlock!
```

Un error habitual cuando no se tiene experiencia con sincronización con canales es no tener en cuenta que por defecto ambos canales son síncronos: A y B se bloquean al enviar el mensaje y ninguno de ellos podrá continuar hasta que el otro haya recibido el mensaje (Ley de Kansas).

El interbloqueo se produce por una *espera circular*, muy similar a la que analizamos con el interbloqueo de los filósofos (Sección 6.3.1, "Interbloqueos"). Se puede evitar haciendo que las operaciones no sigan el mismo orden, uno de los procesos recibe primero el mensaje del otro y luego envía el propio. Por ejemplo (código fuente completo en barrier_2p_sync.go, en el directorio channels/):

```
A                         B

ch_a <- true              <-ch_a
<-ch_b                    cha_b <- true
```

Para evitar las soluciones asimétricas hay que recurrir a canales asíncronos. Por defecto los canales son síncronos pero se puede especificar el tamaño del *buffer*, en este caso es suficiente con tamaño 1 (código fuente completo en barrier_2p_async.go):

```
    ch_a = make(chan bool, 1)
    ch_b = make(chan bool, 1)

A                      B

ch_a <- true           ch_b <- true
<-ch_b                 <-ch_a
```

Como ambos canales ahora tienen *buffer* los procesos no se bloquearán si al enviar no hay ningún proceso esperando. Desde el punto de vista de sincronización la idea es similar al valor o *número de permisos* de los semáforos. Si un semáforo vale cero bloqueará al primer *wait*, pero si es uno el proceso que haga el primer *wait* podrá continuar (como se hace con los semáforos usados como *mutex*).

En los ejemplos de sincronización de este capítulo –y en aplicaciones reales– es habitual recurrir a canales síncronos o asíncronos con *buffer* de tamaño uno.

9.3.2. Barreras generales

Para este algoritmo[7] se aprovechan las dos capacidades de los mensajes: sincronización y comunicación. En las soluciones con semáforos usamos dos: uno para contabilizar los procesos que faltan por llegar a la meta y el otro para los que ya habían salido para comenzar la siguiente fase. También usaremos dos canales con el mismo objetivo, pero en lugar de variables compartidas –sujetas a los problemas de condiciones de carrera– el contador estará almacenado en un mensaje que se copiará entre los procesos: cada uno lo recogerá, actualizará y volverá a enviar (código fuente completo en `barrier.go`).

Se requieren dos canales de tipo entero, `arrival` y `departure`, y una variable n. Esta última es inmutable, se inicializa con el número de procesos a sincronizar. Definimos la estructura `Barrier` con estos tres componentes:

```
type Barrier struct {
    arrival   chan int
    departure chan int
    n         int
}
```

Y una función constructora que inicializará ambos canales y el valor de n:

```
func NewBarrier(value int) *Barrier {
    b := new(Barrier)
    b.arrival = make(chan int, 1)
```

---

[7] No sé si alguien lo diseñó o publicó antes, no lo he visto, lo escribí desde cero para este libro.

```
    b.departure = make(chan int, 1)
    b.n = value

    b.arrival <- value  ❶
    return b
}
```

❶   Se deposita un mensaje en el canal con el número de procesos que faltan por llegar.

Los dos canales tienen *buffer* de tamaño uno pero solo uno de ellos (`arrival`) contiene inicialmente un mensaje con el número de procesos concurrentes. La función de sincronización `Barrier` tiene dos partes bien diferenciadas:

1. Llegadas: Se opera sobre el canal `arrival`, inicialmente con un mensaje con el total de procesos que faltan por llegar. Cuando un proceso llega recibe el mensaje, verifica el valor, si quedan procesos por llegar lo decrementa y vuelve a enviar el mensaje al mismo canal. Si es el último en llegar no depositará el mensaje en `arrival` sino en `departure`, con el total de procesos que se sincronizan en la barrera.

2. Salidas: Los procesos que ya llegaron al final de la fase intentan leer un mensaje de `departure` y quedarán bloqueados hasta que llegue el último. Cuando este deposite un mensaje se despertará uno de los bloqueados y verificará el valor, si quedan procesos por salir decrementará su valor y depositará nuevamente el mensaje `departure` para que puedan continuar los demás. El último en salir enviará un mensaje a `arrival` para que el ciclo vuelva a comenzar.

```
func (b *Barrier) Barrier() {
    var v int

    // Part 1
    v = <-b.arrival              ❶
    if v > 1 {
        v--
        b.arrival <- v           ❷
    } else {
        b.departure <- b.n       ❸
    }

    // Part 2
    v = <-b.departure            ❹
    if v > 1 {
        v--
        b.departure <- v         ❺
    } else {
        b.arrival <- b.n         ❻
    }
}
```

```
}
```

❶ Se bloquea hasta que puede leer un mensaje desde `arrival`, el mensaje contiene el número de procesos que quedan por llegar.

❷ Si todavía quedan procesos por llegar decrementa el contador y vuelve a poner el mensaje en `arrival`.

❸ Si llegaron todos, deposita un mensaje en `departure` para que los procesos puedan empezar la siguiente fase.

❹ Quedan bloqueados hasta que el último que llegue envíe un mensaje al canal.

❺ Si todavía quedan procesos por salir (bloqueados en `departure`), decrementa el contador y vuelve a poner el mensaje.

❻ Si llegaron todos, pone el mensaje con el número inicial de procesos en el canal de llegada.

Como la recepción y envío son operaciones atómicas no hace falta recurrir a ningún método de exclusión mutua. Además, como es un único mensaje los siguientes procesos quedarán bloqueados hasta que el anterior vuelva a depositarlo. Así se asegura que no se producen condiciones de carrera como ocurre con variables compartidas (hace falta asegurar exclusión mutua explícitamente).

9.4. Productores-consumidores

Los canales son productores-consumidores por diseño, no hay que hacer nada especial. Los mensajes pueden ser los elementos que se añaden o quitan del *buffer*. Si el canal no tiene *buffer* la comunicación es síncrona, los productores siempre se bloquean hasta que un consumidor esté preparado para recibir. Si por el contrario se le asigna un *buffer* funciona exactamente como el modelo de productores-consumidores con *buffer limitado*.

La interacción es así de sencilla (código completo en `producer_consumer.go`):

```go
    buffer := make(chan string, BufferSize)

func consumer() {
    for {
        element := <-buffer
        ...
    }
}

func producer() {
    for {
        element := produce()
        buffer <- element
    }
}
```

Si el *buffer* del canal está lleno los productores se bloquearán hasta que los consumidores eliminen mensajes. Si está vacío los consumidores quedarán bloqueados hasta que los productores añadan nuevos elementos. Este tipo de sincronización con comunicación es muy útil. Mientras en otros lenguajes hay que implementar mecanismos basados en semáforos o monitores, en los lenguajes basados en *CSP* es una forma natural de interacción entre procesos.

9.5. Mutex

La implementación de *mutex* con mensajes[8] también es sencilla (código completo en `mutex.go`). Inicialmente se crea un canal con capacidad 1 y se deposita un mensaje vacío (no hace falta compartir datos) que representa un *permiso* para entrar a la sección crítica.

```
m := make(Mutex, 1)
m <- Empty{}
```

En la entrada de la sección crítica se lee del canal, como hay un mensaje en el *buffer* podrá continuar inmediatamente, el siguiente proceso se bloqueará al no tener mensaje que recibir. El proceso que sale de la sección crítica deposita nuevamente un mensaje vacío que permitirá que entre otro o desbloqueará al que esté esperando.

```
func Lock() {
    <-m
}

func Unlock() {
    m <- Empty{}
}
```

Los canales también bloquean si se intenta enviar un mensaje y el *buffer* está lleno, por lo que el *mutex* puede ser implementado a la inversa. Un mensaje representaba a un *permiso* pero se puede hacer que este se represente por espacio libre en el *buffer*. En este caso no hace falta depositar un mensaje en la inicialización, en el *lock* se envía un mensaje y en el *unlock* se recibe.

```
m := make(Mutex, 1)

func Lock() {
    m <- Empty{}
}
```

---

[8] El paquete `sync` de Go tiene una implementación `Mutex` que es más eficiente, usa los semáforos implementados a nivel de librería en el `runtime` (https://golang.org/src/runtime/sema.go), el lenguaje implementa su propio *scheduler* y usa técnicas de *spin/park* similares a las usadas por los monitores en la máquina virtual de Java.

```
func Unlock() {
    <-m
}
```

9.6. Semáforos

Para semáforos generales se puede usar la misma idea que con la primera versión anterior de *mutex* (código en `semaphore.go`), cada mensaje representa un permiso. Solo hace falta una cola que hay que iniciar con tantos mensajes como el valor inicial del semáforo:

```
func NewSem(value int) Sem {
    s := make(Sem, 256)
    for i := 0; i < value; i++ {
        s <- Empty{}
    }
    return s
}
```

La operación *wait* lee un mensaje y *signal* envía uno vacío:

```
func (s Sem) Wait() {
    <-s
}

func (s Sem) Signal() {
    s <- Empty{}
}
```

El problema de esta solución es la dimensión del *buffer* del canal: su tamaño debe ser igual al número máximo de permisos del semáforo (el valor máximo que puede tomar el *valor* del semáforo). De lo contrario las operaciones *signal* también se bloquearán si está lleno. Si no se requieren valores elevados es una solución razonable, si no es así hay que buscar otra solución que no requiera que la dimensión del canal dependa del valor del semáforo.

9.6.1. Tamaño del *buffer* independiente del valor

Una solución de este tipo requeriría, como en los algoritmos de barreras o producto-res-consumidores, de una cola para mantener un mensaje con el valor actual del semáforo (`value`) y otra cola para bloquear en *wait* si el semáforo toma un valor negativo (`queue`). La solución no es muy diferente a la simulación de semáforos con monitores[9] o la imple-mentación del semáforo con FUTEX[10]. En el primer caso usamos la cola de la variable

---

[9] Sección 8.3, "Semáforos"
[10] Sección 7.3, "Semáforo simple"

de condición para bloquear a los procesos, en el segundo la cola del FUTEX. Para la siguiente solución usamos el canal `queue` para mantener la cola de bloqueados.

La estructura e inicialización es la siguiente (código completo en `semaphore2.go`):

```go
type Sem struct {
    value chan int
    queue chan Empty
}

func NewSem(value int) Sem {
    var s Sem
    s.value = make(chan int, 1)
    s.queue = make(chan Empty)
    s.value <- value              ❶
    return s
}
```

❶ El canal `value` se inicializa con un mensaje que almacena el valor del semáforo.

Los algoritmos de las operaciones *wait* y *signal* son prácticamente idénticos a la definición de semáforos. La diferencia es que en lugar de una variable compartida usamos un mensaje para almacenar el valor.

La función `Wait` lee el mensaje con el valor del semáforo, lo decrementa y vuelve a depositar el mensaje en el canal. Si el valor del semáforo es menor que cero se bloqueará en el canal `queue` hasta que otro proceso ejecute `Signal`.

```go
func (s Sem) Wait() {
    v := <-s.value
    v--
    s.value <- v
    if v < 0 {
        <-s.queue
    }
}
```

`Signal` es la inversa, incrementa el valor del semáforo, si el resultado es menor o igual que cero hay procesos esperando un mensaje en el canal `queue` por lo que enviará un mensaje para desbloquear al siguiente.

```go
func (s Sem) Signal() {
    v := <-s.value
    v++
    s.value <- v
    if v <= 0 {
        s.queue <- Empty{}}
```

```
        }
    }
```

Puede parecer que hay riesgos de *condiciones de carrera* porque el envío y recepción en `queue` se hacen después de enviar el valor, pero no existe ese problema. Si al llamar a `Wait` la variable local `v` es menor que cero el proceso obligatoriamente debe esperar un mensaje (en `queue`). La función `Signal` espera que se haga así y enviará siempre el mensaje correspondiente.

Optimización

El algoritmo puede optimizarse con una ligera modificación en el canal `queue`. Si un proceso en `Wait` ejecuta `s.value <- v` y se interrumpe, el proceso que ejecuta `Signal` se bloqueará momentáneamente en `s.queue <- Empty{}`. El canal es síncrono por lo que no puede continuar hasta que en `Wait` se haya ejecutado `<-s.queue`.

Se puede hacer que el canal `queue` tenga un *buffer* pequeño, por ejemplo `s.queue = make(chan Empty, 1)`. No cambia el algoritmo, sigue siendo correcto pero la diferencia es notable[11].

9.7. Filósofos cenando

La solución natural con canales asíncronos es definir un array de canales, uno para cada tenedor (código completo en `philosophers.go`). Durante la inicialización se deposita un mensaje en cada uno de ellos indicando su disponibilidad:

```
var forks [Philosophers]chan Empty

for i := range forks {
    forks[i] = make(chan Empty, 1)
    forks[i] <- Empty{}
}
```

Para tomar los tenedores, cada filósofo lee de los canales de cada tenedor. Si está disponible habrá un mensaje y podrá continuar, caso contrario se quedará bloqueado hasta que el tenedor sea liberado. Para evitar interbloqueos (ya analizados en la solución con semáforos) evitamos la espera circular haciendo que siempre se tome primero el tenedor con el menor identificador:

```
func pick(id int) {
    if id < right(id) {
        <-forks[id]
```

---

[11]En el ejemplo de incrementar el contador los tiempos se reducen hasta cuatro veces.

```
            <-forks[right(id)]
    } else {
        <-forks[right(id)]
        <-forks[id]
    }
}
```

Para liberar los tenedores es suficiente con enviar un mensaje a sus canales. Si otros filósofos están esperando se desbloquearán inmediatamente.

```
func release(id int) {
    forks[id] <- Empty{}
    forks[right(id)] <- Empty{}
}
```

9.7.1. Con canales síncronos

El algoritmo anterior solo funciona con canales asíncronos. En el modelo *CSP* los canales son síncronos y Hoare propuso una solución correcta[12].

$$
\begin{aligned}
\textbf{PHIL} = &\ast[... \textbf{during ith lifetime} ... \rightarrow \\
&\textbf{THINK;} \\
&\textbf{room!enter( );} \\
&\textbf{fork(}i\textbf{)!pickup( ); fork((}i + 1\textbf{)} \bmod 5\textbf{)!pickup( );} \\
&\textbf{EAT;} \\
&\textbf{fork(}i\textbf{)!putdown( ); fork((}i + 1\textbf{)} \bmod 5\textbf{)!putdown( );} \\
&\textbf{room!exit( )} \\
&]
\end{aligned}
$$

Figura 9.1. Filósofos en *CSP*

La solución es más sencilla de lo que parece (código completo en `philosophers_sync.go`). Hay que hacer como propuso Hoare, crear un proceso adicional para cada tenedor (`fork`). El algoritmo de los filósofos no requiere cambios. Cada proceso `fork` no requiere de ninguna computación adicional, solo recibe y envía mensajes por su canal:

Proceso para el tenedor *i*

```
func fork(i int) {
    for {
        forks[i] <- Empty{}
        <-forks[i]
    }
}
```

---

[12] Aunque produce interbloqueo, lo avisa en el mismo artículo.

Sugerencia

Al tratarse de canales síncronos se puede invertir el orden de envío y recepción de mensajes: para tomar los tenedores los filósofos envían un mensaje y para liberarlos reciben uno. En este caso el proceso `fork` debe invertir también sus operaciones:

```
for {
    forks[i] <- Empty{}
    <-forks[i]
}
```

De esta forma el programa queda idéntico a la solución propuesta por Hoare con *CSP*.

Mutex con canales síncronos

Los procesos comunicados por canales asíncronos pueden ser convertidos –tal como acabamos de hacer– a uno equivalente con canales síncronos. La solución general es añadir nuevos procesos que suplanten las capacidades de los canales con *buffer*. En el caso de los filósofos añadimos un nuevo proceso para cada tenedor para convertirlo en una comunicación entre procesos *filósofos* y otros *tenedores*. Para el código de simulación de *mutex* (`mutex.go`), por ejemplo, se requieren muy pocos cambios. La función *pseudo-constructora* de `Mutex` con canales asíncronos crea un canal con *buffer* de tamaño uno y deposita un mensaje:

```
func NewMutex() Mutex {
    m := make(Mutex, 1)
    m <- Empty{}
    return m
}
```

No es posible hacer lo mismo con canales síncronos, se requiere un proceso adicional. Se puede hacer que el propio constructor inicie el nuevo proceso sin necesidad de modificar la implementación de las otras funciones (código completo en `mutex_sync.go`)[13]:

```
func NewMutex() Mutex {
    m := make(Mutex)
    go func() {                    ❶
        for {
            m <- Empty{}
            <-m
        }
    }()
    return m
```

---

[13] Uso función anónima con clausura, de lectura y comprensión más sencilla.

```
}
```

❶   Se lanza una *goroutine*, la función es anónima y aprovecha de la clausura para hacer
     referencia al mismo canal m.

9.7.2. Solución óptima

La solución anterior no asegura que puedan comer todos los filósofos que podrían hacerlo,
ya analizamos el problema con semáforos (Sección 6.3.2, "Solución óptima"). Se puede
implementar una solución óptima similar a la de semáforos pero adaptada a canales (código completo en philosophers_provider.go).

En vez de solicitar los tenedores individualmente habrá un proceso *proveedor* (provider)
para toda la mesa, este proceso usará un único canal síncrono para recibir los mensajes
de todos los filósofos. Estos enviarán mensajes indicando si quieren tomar o soltar los
tenedores. El proveedor verificará el estado de los filósofos vecinos, si ambos tenedores
están libres le responderá con un mensaje para que continúe. Si alguno de sus vecinos está
comiendo le responderá cuando estos hayan dejado de comer.

El mensaje de filósofos al proveedor será una estructura que indica el índice del filósofo,
el estado (Hungry si desea comer y Thinking si es para liberar los tenedores) y el canal
individual del filósofo (también síncrono) para recibir la respuesta[14]:

```
type Request struct {
    id      int
    status  int
    c       chan Empty
}
```

Cuando un filósofo desea comer envía un mensaje al canal del proveedor con su identificación (i), su canal (myCh) y el estado Hungry. A continuación espera la respuesta del
proveedor:

```
provider <- Request{id: i, c: myCh, status: Hungry}

<-myCh
```

Cuando libera los tenedores envía otro mensaje similar pero con el estado Thinking:

```
provider <- Request{id: i, c: myCh, status: Thinking}
```

El proveedor mantiene un array que contiene el estado de los filósofos y su canal de
comunicación. Inicialmente cada posición es una copia de la estructura Request de los

---

[14]Go permite enviar descriptores de canales en los mensajes por lo que no hace falta que estos sean
parte del estado global, cada filósofo crea el suyo y lo pasa al proveedor en el mensaje.

mensajes. El proceso está en un bucle recibiendo mensajes desde su canal `provider`.
Cuando recibe uno lo copia al array de estados y verifica el estado del mensaje que acaba
de recibir:

1. Si es `Hungry` llama a la función `canEat`, esta función responderá con un mensaje al
   canal del filósofo si puede comer.

2. Si el estado es `Thinking` significa que deja los tenedores por lo que llama a la función
   `canEat`, una vez para cada vecino que está en estado `Hungry`.

```
for {
    m := <-provider
    philo[m.id] = m
    switch m.status {
    case Hungry:
        canEat(m.id)
    case Thinking:
        canEat(left(m.id))
        canEat(right(m.id))
    }
}
```

La función `canEat` es idéntica a la homónima de la solución óptima con semáforos[15]
(código Python en `philosophers_2.py`), solo que en vez de señalizar un semáforo se
responde con un mensaje. La función verifica el estado de los vecinos a izquierda y derecha del filósofo indicado en el argumento (`i`), si ninguno de los vecinos está comiendo
entonces permite continuar enviando un mensaje al canal correspondiente.

```
func canEat(i int) {
    r := right(i)
    l := left(i)
    if philo[i].status == Hungry &&
        philo[l].status != Eating &&
        philo[r].status != Eating {
        philo[i].status = Eating
        philo[i].c <- Empty{}
    }
}
```

9.8. Paralelismo

En 1979, poco después de la publicación del artículo del modelo *CSP*, la empresa británica INMO[16] pidió colaboración a Hoare para crear el lenguaje occam para su nueva arquitectura de multiprocesamiento masivo *Transputer*. A principios de la década de 1980

---

[15] Nuevamente aparecen las similitudes de sincronización entre semáforos y canales.
[16] Actualmente STMicroelectronics, http://www.st.com/.

se pensaba que se había llegado al límite de la capacidad de los procesadores[17] por lo que diseñaron una arquitectura basada en el modelo *CSP*.

La arquitectura de *Transputer* consistía en un conjunto de procesadores con instrucciones genéricas, 4 KB de RAM incluidas en el chip y cuatro puertos series de alta velocidad. Cada puerto podía usarse para conectar a otros procesadores y así formar arrays de procesadores con canales síncronos[18].

Figura 9.2. Placa con Transputer con matriz de 6x7 procesadores[19]

Inicialmente solo se podía programar en occam pero luego se adaptaron librerías para lenguajes como Pascal, C y Fortran. También se desarrollaron y portaron varios sistemas operativos como *Minix*, *Puros* y *Trollius*. Aunque inicialmente tuvo éxito en el ambiente académico (ofrecía buena potencia de cálculo, sobre todo de matrices) y se usó en sistemas satelitales, posteriormente desapareció, posiblemente por la aparición de microprocesadores más potentes y económicos. O, como asegura David May –uno sus fundadores–, por el desconocimiento general de concurrencia de los programadores de la época.

Aunque ya no existe, su arquitectura influyó notablemente en el desarrollo de los chips para tratamiento digital de señales, la supercomputación basada en *clusters* y hasta la conocida *Blue Gene* de IBM que soporta miles de procesadores conectados por canales de alta velocidad[20]

---

[17] Podían poner más transistores en un chip pero no sabían qué hacer con ellos, luego surgieron las arquitecturas *superescalares* que permitieron aumentar la potencia de cálculo, lo que también significó la decadencia de *Transputer*.

[18] Llegaron a fabricar un *switch* de red de 32x32 procesadores.

[19] De la página de David May, uno de los arquitectos de Transputer, https://www.cs.bris.ac.uk/~dave/transputer.html

[20] Está basada en la arquitectura QCDOC, originalmente soportaba canales de comunicación con 12 nodos vecinos y hasta 12 Gbits/seg.

9.8.1. Multiplicación de matrices en paralelo

Una muestra de la potencia del modelo *CSP* en arquitecturas con múltiples procesadores es el producto de matrices. Aunque el siguiente ejemplo trata con matrices y enteros pequeños, su uso estaba orientado a matrices de grandes dimensiones que compensen la sobrecarga y demoras provocados por el envío de mensajes.

Analizaremos el algoritmo para multiplicar en paralelo dos matrices de 3x3, como las de la siguiente imagen:

$$\begin{bmatrix} 1 & 2 & 3 \\ 4 & 5 & 6 \\ 7 & 8 & 9 \end{bmatrix} \times \begin{bmatrix} 1 & 2 & 3 \\ 0 & 1 & 2 \\ 1 & 2 & 3 \end{bmatrix} = \begin{bmatrix} 4 & 10 & 16 \\ 10 & 25 & 40 \\ 16 & 40 & 64 \end{bmatrix}$$

Cada elemento de la matriz resultante puede ser calculado independientemente. Por ejemplo, el elemento central de la matriz (25) se calcula de la siguiente forma:

$$\begin{bmatrix} 4 & 5 & 6 \end{bmatrix} \times \begin{bmatrix} 2 \\ 1 \\ 2 \end{bmatrix} = 4*2+5*1+6*2 = 8+5+12 = 25$$

El cálculo se puede descomponer en diferentes procesos *multiplicadores* comunicados por canales. Cada uno de ellos multiplica un elemento de cada matriz, lo añade a la suma parcial recibida desde otro proceso y envía el resultado al siguiente multiplicador. Para matrices de 3x3 se necesitan tres procesos por fila inicializados con los valores de una fila de la primera matriz ([4, 5, 6]). Del canal *norte* (*north*)[21] reciben un elemento de la fila correspondiente a la segunda matriz ([2, 1, 2]):

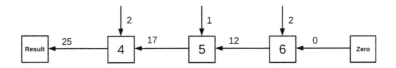

Para obtener el resultado final en el procesador de la columna izquierda cada proceso multiplica el valor inicial por el que le llegó desde el *norte*, lo suma al resultado desde

---

[21] Recordad que cada procesador de *Transputer* tiene cuatro puertos, para ubicarlos en el diagrama los llamamos *norte*, *este*, *sur* y *oeste*.

el canal *este* y lo envía por su canal *oeste*. El proceso *zero* de la columna de la derecha
únicamente envía ceros para iniciar la suma parcial, así el algoritmo de los multiplicadores
es el mismo para todos:

```
second := <-north
sum := <-east
west <- sum + first*second
```

Tal como ya había descrito Hoare, el procedimiento anterior se puede generalizar para la
multiplicación en paralelo de la matriz completa con nueve *multiplicadores* (en el centro
de la imagen). Los procesos de la fila superior envían los valores, uno a uno, de las filas
de la segunda matriz, los resultados parciales lo obtienen los procesos de la columna
izquierda (*result*). Cada multiplicador, a su vez, copia el mensaje recibido del canal *norte*
al canal *sur* para el cálculo de la siguiente fila (se añaden los procesos *sink* de la fila inferior
con el único objetivo de que el algoritmo sea el mismo para todos los multiplicadores).

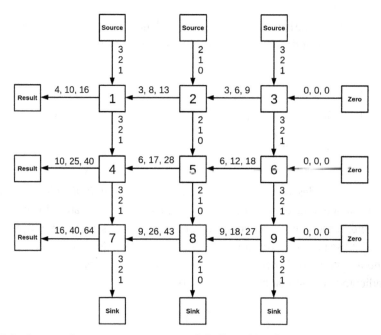

Figura 9.3. Array de procesos para multiplicación de matrices

Los algoritmos de los cuatro tipos de procesos de la matriz son los siguientes (programa
completo en `parallel_matrix_multiplication.go`):

```
func multiplier(first int) {
    for {
        second := <-north
        south <- second
        sum := <-east
```

```
            west <- sum + first*second
        }
}

func result(rowNum int) {
    for i := 0; i < Dim; i++ {
        row[i] := <-east
    }
}

func source(row Row) {
    for i := range row {
        south <- row[i]
    }
}

func zero(west chan int) {
    for {
        west <- 0
    }
}

func sink() {
    for {
        <-north
    }
}
```

9.9. Algoritmos distribuidos

No es el objetivo de este libro, se necesitaría uno específico y bastante extenso dado el avance y cantidad de sistemas y protocolos que se desarrollaron en los últimos años. Pero no podía dejar de mencionarlo, los canales de comunicación y el modelo de *procesos comunicados* son elementos fundamentales de los sistemas distribuidos. A estos se les añade un tercer elemento: los *nodos*, ordenadores independientes conectados solo por un canal de comunicación[22] (*débilmente acoplados*) y pueden ejecutar más de un proceso.

En sistemas distribuidos hay que tener en cuenta otros requerimientos y problemas que no existen en procesos concurrentes en memoria compartida:

- Los canales y nodos pueden fallar sin notificar a los demás procesos por lo que hay que considerar tiempos y caducidad.

- El grafo o estructura de la red de nodos puede ser variable, compleja y no permitir la conexión de cada nodo con todos los demás.

---

[22] De diferentes características, fundamentalmente si son fiables y entregan los mensajes en el mismo orden en que lo reciben.

- No se pueden tomar decisiones suponiendo un número fijo de nodos o procesos y que cada uno de ellos recibió cada mensaje, se requieren pasos adicionales de sincronización y verificación.

- La operación que más tiempo toma es la copia de mensajes de un nodo a otro por lo que la prioridad es reducir el tamaño y número de mensajes.

9.9.1. Estructura de procesos distribuidos

Los procesos distribuidos deben responder a mensajes de sincronización que llegan desde otros nodos, lo habitual es implementar al menos un hilo auxiliar independiente responsable de recibir los mensajes de la red y responder adecuadamente lo antes posible. Un proceso que se ejecuta en un nodo (*Process*) consiste de un hilo principal (*Main*) y un auxiliar (*Receiver*) que comparten memoria y se sincronizan entre ellos con cualquiera de los mecanismos de memoria compartida.

```
┌─────────────────────────────────┐
│            Process              │
├─────────────────────────────────┤
│ Common variables                │
├─────────────────────────────────┤
│   Main thread                   │
│                                 │
│                                 │
│                                 │
│   Receiver thread               │
│                                 │
└─────────────────────────────────┘
```

Los programas diseñados según los principios de *CSP* pueden ser fácilmente adaptados a sistemas distribuidos cambiando las primitivas *send* y *receive* de canales locales por sistemas de gestión de *colas de mensajes* (como Beanstalkd o RabbitMQ). Por el mismo principio, algoritmos diseñados para sistemas distribuidos pueden ser fácilmente implementados y simulados localmente con el modelo *CSP*.

Simulación en Go

Los siguientes ejemplos de exclusión mutua simulan un sistema distribuido. Cada nodo es una *goroutine* (el hilo *main*) que a su vez pone en marcha otra *goroutine* (*receiver*) con la que comparte memoria. El patrón de los programas es el siguiente:

```
func node(aChannel chan Struct) {
    number := 0
    mutex := new(sync.Mutex)
```

```
    receiver := func() {
        for {
            request := <-aChannel
            // ...
            aChannel <- response()
            }
        }
    }
    go receiver()
    mainProcessing()
}

func main() {
    //...
    go node(aChannel)
}
```

Desde el programa principal se pone en marcha un *nodo* llamando a la función `node`, el núcleo del proceso principal que hace el *trabajo real*. En ella se definen las variables compartidas necesarias y pone en marcha el hilo `receiver`. En Go es una *clausura*, las variables definidas en `node` son accesibles desde la función anónima de `receiver`.

9.9.2. Exclusión mutua distribuida

Como breve introducción al diseño de algoritmos distribuidos analizaremos uno de los algoritmos más conocidos, el de exclusión mutua distribuida por *autorización* de Ricart-Agrawala ([Ricart], 1981) basado en el conocido algoritmo de la panadería.

Al tratarse de exclusión mutua usamos las funciones `Lock` y `Unlock`, son el pre y posprotocolo de la exclusión mutua distribuida. Como en los ejemplos previos, el programa incrementa la variable compartida `counter` (no tiene sentido ni es posible en un sistema distribuido real pero nos sirve para verificar el funcionamiento). No es usual que se requieran secciones críticas globales en un sistema distribuido, pero la relativa simplicidad del modelo y los algoritmos son útiles para una rápida introducción a la *sensación* de diseñar algoritmos distribuidos[23].

Algoritmo de Ricart-Agrawala (1981)

Es uno de los algoritmos distribuidos más sencillos de interpretar, el proceso que desea entrar a la sección crítica debe recibir la autorización de todos los demás (código fuente completo en `mutex_ricart_agrawala.go` en el directorio `channels/distributed/`). Para ello envía un mensaje a los demás y espera la respuesta de cada uno (cada entrada requiere *2(n-1)* mensajes). Estos solo responderán si no hay competencia y no están en la

---

[23] Por otro lado, un área apasionante.

sección crítica, o si el número del proceso remitente es menor. Como en el algoritmo de la panadería, el turno de entrada se asigna por un número creciente.

Cada nodo mantiene la siguiente información:

- el máximo número que recibió desde la red (highestNum);
- el número que selecciona cuando desea entrar a la sección crítica (myNumber);
- una cola de las respuestas pendientes a otros procesos que desean entrar (deferred);
- una variable booleana para indicar que el proceso está esperando para entrar a la sección crítica (requestCS) y
- un *mutex* para la sincronización entre el proceso principal y receiver.

Variables

```
highestNum := 0
myNumber := 0
deferred := make(chan int, Nodes)
requestCS := false
mutex := new(sync.Mutex)
```

En Lock se indica que se quiere entrar a la sección crítica (lo necesita el hilo receiver), se selecciona el número (igual al más alto visto más uno) y se envía un mensaje a todos los demás procesos con el identificador y número seleccionado. Luego se espera a recibir la respuesta de todos, cuando lleguen todas el proceso estará en la sección crítica.

Lock

```
mutex.Lock()              ❶
requestCS = true
myNumber = highestNum + 1
mutex.Unlock()            ❷

for i := range requests {
    if i == id {
        continue
    }
    requests[i] <- Message{source: id, number: myNumber}
}

for i := 0; i < Nodes-1; i++ {
    <-replies[id]
}
```

❶❷ Hay que asegurar exclusión mutua para evitar condiciones de carreras con el hilo de receiver.

La tarea fundamental de Unlock es enviar una respuesta a todos los procesos que enviaron solicitudes (las recibió el hilo receiver) mientras se estaba en la sección crítica.

Unlock

```
requestCS = false
mutex.Lock()            ❶
n := len(deferred)
mutex.Unlock()          ❷
for i := 0; i < n; i++ {
    src := <-deferred    ❸
    replies[src] <- Message{source: id}
}
```

❶❷ Hay que asegurar exclusión mutua para evitar condiciones de carreras con receiver.

❸ Envía la respuesta a los que están pendientes de respuesta. Fueron añadidos a deferred por receiver.

El hilo receiver se ejecuta de manera asíncrona esperando peticiones de los otros procesos, los mensajes incluyen el identificador del proceso y el número que seleccionaron
(como en el algoritmo de la panadería, puede haber números repetidos). Cuando recibe
una petición responde inmediatamente si el proceso local no desea entrar a la sección crítica o el número del proceso remoto es menor. En caso contrario agrega el identificador
del proceso remoto a la cola deferred para que se le envíe la respuesta desde Unlock.

Receiver

```
for {
    m := <-requests[id]
    mutex.Lock()
    if m.number > highestNum {   ❶
        highestNum = m.number
    }
    if !requestCS ||
        (m.number < myNumber ||   ❷
        (m.number == myNumber &&
            m.source < id)) {     ❸
        mutex.Unlock()
        replies[m.source] <- Message{source: id}
    } else {
        deferred <- m.source      ❹
        mutex.Unlock()
    }
}
```

❶ Actualiza highestNum si el número recibido de otro proceso es mayor.

❷   La comparación es similar a la del algoritmo de la panadería.

❸   Si el proceso no desea entrar a la sección crítica o el número del otro proceso es
      menor envía la respuesta inmediatamente.

❹   Si no, agrega el proceso a los *retrasados* para que se envíe la respuesta después de
      salir de la sección crítica.

Algoritmos basados en paso de testigo

El algoritmo anterior no es el único ni el más eficiente. También se desarrollaron otros
que minimizan la cantidad de mensajes. Dos de los más estudiados son el de paso de tes-
tigos (*token-passing*) de Ricart-Agrawala ([Agrawala], [Carvalho]) y el de Neilsen-Mizuno ([Neilsen]). Los algoritmos de paso de testigo requieren n mensajes cada vez que
se solicita el testigo, es una reducción importante. Además, si el proceso que desea entrar
ya tiene el testigo no hace falta que vuelva a solicitarlo: no solo decrementa el número de
mensajes, también reduce notablemente las demoras en la entrada.

Token-passing de Ricart-Agrawala (1983)

Este algoritmo de paso de testigo reduce considerablemente el número de mensajes (código fuente completo en `mutex_token_passing.go`, también en el subdirectorio `dis-
tributed/`). Para acceder a la sección crítica el proceso debe poseer el testigo (*token*),
solo uno de ellos puede tenerlo. Si el proceso que desea entrar a la sección crítica no lo
posee debe solicitarlo enviando una solicitud a todos los demás. El que tenga el testigo
se lo pasará cuando salga de su sección crítica.

La elección de a quién le corresponde el testigo también se hace por el número elegido
por cada proceso pero a diferencia del anterior no se usa un número único: cada proceso
mantiene un par de arrays con los números de todos los demás. El primero (`requested`)
es el número con el que solicitó el testigo cada proceso. El segundo (`granted`) el número
con que se le otorgó el testigo por última vez a cada proceso. Para elegir al siguiente
se selecciona uno cuyo número de solicitud (en `requested`) sea mayor al número de la
última vez que se le otorgó el testigo (en `granted`).

Cuando se pasa el testigo de un proceso a otro también se envía el array `granted`, así
se asegura que el que toma la decisión tiene la versión actualizada. El tamaño de ambos
arrays es proporcional al número de nodos, es un problema para grandes redes por el
espacio de almacenamiento en cada nodo como por el tamaño del mensaje cuando se
transfiere el testigo.

Token-passing de Neilsen-Mizuno (1991)

Elimina el problema de almacenar y transferir el array (código completo en
`mutex_token_passing_neilsen_mizuno.go`). Cada nodo mantiene solo dos variables

enteras, el *padre* (`parent`) del proceso y el identificador del siguiente nodo al que le corresponde el testigo (`deferred`).

El algoritmo se basa en la creación de árboles virtuales, `parent` indica cuál es el padre de un proceso (así se define un árbol virtual). Inicialmente hay que asignar un padre a cada nodo para definir un árbol de cobertura (*spanning tree*) virtual, en el código de ejemplo todos se hacen hijos del proceso 0.

Cuando un proceso solicita el testigo envía un mensaje a su padre e inmediatamente se *desconecta* del árbol (formará otro nuevo) poniendo su `parent` en -1. Si el receptor del mensaje no tiene el testigo envía una copia del mensaje a su padre y selecciona al remitente anterior como su nuevo padre.

Supongamos que A solicita el testigo y que lo tiene D. La situación inicial es:

$$A \rightarrow B \rightarrow C \rightarrow \mathbf{D} \leftarrow E$$

Cuando B recibe el mensaje desde A lo reenvía a C y cambia su padre a A:

$$A \leftarrow B \ \ C \rightarrow \mathbf{D} \leftarrow E$$

El mensaje es así copiado hasta que llega a la raíz del árbol actual ligado al poseedor del testigo (D). Las conexiones en ese momento serán las siguientes (hay dos árboles, la raíz de uno es el poseedor el testigo, el otro es el siguiente):

$$A \leftarrow B \leftarrow C \ \ \mathbf{D} \leftarrow E$$

El proceso D puede estar en dos estados:

1. Si no está en la sección crítica transfiere el testigo inmediatamente al proceso original que lo solicitó.

2. Si está en la sección crítica pone al remitente del mensaje original en su `deferred`, será al que pase el testigo cuando haya salido de la sección crítica.

En cualquier de los dos casos, el árbol se habrá unificado.

$$\mathbf{A} \leftarrow B \leftarrow C \leftarrow D \leftarrow E$$

El algoritmo de Neilsen-Mizuno es muy abstracto y difícil de entenderlo inicialmente, pero su programación es muy sencilla y, como veremos más adelante, también muy eficiente: compite en eficiencia con los algoritmos de memoria compartida.

Es notable como la abstracción de *árboles virtuales*, representados solo por una variable en cada nodo, reduce la complejidad e información que hay que transmitir. Este tipo de técnicas son muy comunes en algoritmos distribuidos. Me pareció importante explicarlas, los algoritmos distribuidos con un caso especial de concurrencia; los mismos conceptos e ideas pueden ser usados para programas concurrentes, sobre todo si se usan canales y se pretende no compartir memoria (*share nothing*).

9.10. Eficiencia de Canales

La comparación de métodos de sincronización disímiles en lenguajes diferentes es complicada y no suele ser justa. En el caso de Go es peor, si cabe. A diferencia de las comparaciones anteriores en C o Java, Go crea hilos ligeros y se planifican con el *scheduler* interno de las librerías *runtime*.

Los canales, en principio, tienen un mayor coste que los semáforos y monitores. Además de sincronización sirven para comunicación, lo que requiere copiar zonas de memoria atómicamente. Podemos verificar si este sobrecoste, como se afirma a menudo, es del todo cierto. Quizás haya sorpresas.

9.10.1. Exclusión mutua

El siguiente gráfico es la comparación de mecanismos de exclusión mutua, similar al de monitores y en el mismo ordenador. Se muestran de izquierda a derecha los tiempos de retorno (en segundos) para el contador con el: *mutex* de POSIX Threads, monitor nativo en Java, el *mutex* del módulo sync de Go y la implementación de *mutex* con mensajes[24].

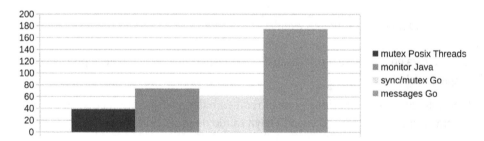

Figura 9.4. Tiempos de ejecución de los diferentes mecanismos de exclusión mutua, ARMv7

El *mutex* nativo de Go tiene tiempos similares a los de POSIX Threads y Java mientras que la emulación con mensajes es considerablemente menos eficiente. Pruebas con otros

---

[24]El gráfico de estas pruebas es sobre un ARM y no sobre el procesador i5-2520M como las demás. Detecté que las optimizaciones del *mutex* nativo funcionan mal en este procesador y en un i7-4770K que hacía que la emulación con mensajes obtuviese tiempos mejores. Con decenas de pruebas en procesadores diferentes, solo en esos dos se encontró el problema.

procesadores dieron resultados similares, la emulación de *mutex* con mensajes es entre 5 y 200 % más lento que el del modulo `sync`.

9.10.2. Barreras

El siguiente gráfico es también similar al de monitores. Esta vez con semáforos y variables de condición de POSIX Threads, monitor de Java y canales en Go.

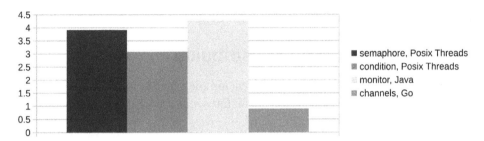

Figura 9.5. Tiempos de ejecución de barreras, Intel

El tiempo de ejecución de Go es considerablemente inferior que los demás. Es sorprendente porque el contador de procesos se copia con el mensaje, no es una variable estática como en semáforos o Java. El patrón se repite en diferentes procesadores y arquitecturas.

9.10.3. Filósofos

El siguiente es el gráfico de tiempos CPU y retorno del algoritmo de filósofos similar a la comparativa en monitores. Se comparan la solución con monitores en Java y las dos con canales de este capítulo: el más simple pero que no es óptimo y el último con el *proveedor* de tenedores.

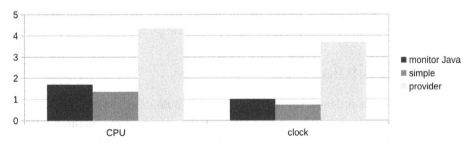

Figura 9.6. Tiempos de ejecución de filósofos

El menos eficiente es el del *proveedor*, tiene lógica porque la asignación de tenedores está centralizada en un único hilo con mucha competencia y procesos, que se convierte en el cuello de botella. El primer algoritmo es el más eficiente. Con cinco filósofos da mejores tiempos que el monitor en Java, pero con más procesos se comporta peor:

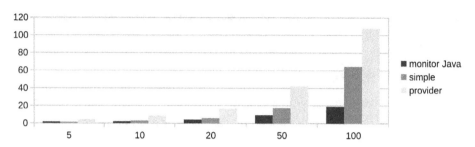

Figura 9.7. Tiempos de CPU de 5 a 100 filósofos

9.10.4. Exclusión mutua distribuida

Como curiosidad final, los tiempos de ejecución (de reloj) en el mismo ordenador del contador usando *mutex* (Sección 6.1.4, "Semáforos *mutex* y *locks*") y los algoritmos distribuidos[25] de exclusión mutua.

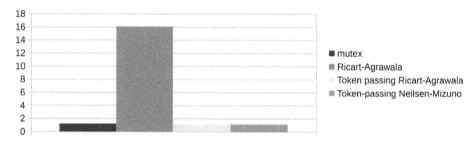

Figura 9.8. Tiempos de ejecución de los algoritmos de EM distribuida

La sobrecarga por la número de mensajes que se envían en el algoritmo de *autorización* de Ricart-Agrawala es enorme. Los algoritmos de *token passing* se comportan muy bien. El de Neilsen-Mizuno solo es hasta un 50 % más lento que el *mutex* nativo. Es un dato sorprendentemente bueno considerando que se crean el doble de hilos, la lógica más compleja y que la información se copia por mensajes[26].

9.11. Recapitulación

La popularización de ordenadores con número masivo de procesadores, servicios en la *nube*, *microservicios*, plataformas para programación distribuida y tolerante a fallos, y hasta nuevos lenguajes de programación que lo incluyen como construcción sintáctica hace que el modelo de sincronización y comunicación con canales esté de moda. Pero pocos desarrolladores conocen sus orígenes (el modelo *CSP*) y los mecanismos básicos de

---

[25]Recordad que estamos simulando la *distribución*, todos los procesos y canales son locales.
[26]También puede indicar que la implementación de mensajes y el *scheduling* del *runtime* de Go es muy eficiente.

sincronización sobre el que se construyen algoritmos más complejos. El objetivo de este capítulo fue llenar este hueco y poner en contexto la historia y equivalencia de canales con los demás mecanismos de sincronización de procesos.

Con canales se pueden resolver los mismos problemas de concurrencia que resolvimos con semáforos y monitores. En general los tres son equivalentes como mecanismos de sincronización en sistemas de memoria compartida, si se tiene uno se pueden implementar los otros (con mayor o menor dificultad).

A diferencia de los semáforos y monitores, los canales tienen la capacidad adicional de servir para la comunicación entre procesos y pueden ser usados para procesos sin memoria compartida. Esto implica que también son útiles para procesos distribuidos en diferentes nodos, la breve introducción a algoritmos distribuidos fue una muestra de esta capacidad.

Capítulo 10. Memoria transaccional

Como la exclusión mutua, la memoria transaccional es un mecanismo de control de concurrencia. Sus objetivos son simplificar la programación y aumentar el paralelismo de los programas concurrentes. Para acceder a registros compartidos se usa el mismo concepto de *transacción* conocida desde hace tiempo en las bases de datos ACID. Desde el punto de vista del programador, las transacciones se ejecutan secuencialmente y aisladas unas de otras y las complejidades del control de concurrencia son invisibles.

Las transacciones están íntimamente relacionadas con las secciones críticas. En capítulos anteriores estudiamos dos tipos de mecanismos para resolverlas: los *spinlocks* con espera activa y las soluciones bloqueantes con semáforos y monitores. Pero estas soluciones tienen limitaciones importantes.

10.1. Limitaciones de la sección crítica

• La exclusión mutua reduce la capacidad de paralelismo. Las secciones críticas deben ser ejecutadas secuencialmente por lo que se reduce la capacidad de ejecutar hilos en otros procesadores.

- Para evitar los cuellos de botella generados por las secciones críticas se implementan *estructuras concurrentes* (*lock-free structures*) con instrucciones atómicas del procesador (fundamentalmente *CAS*). Pero estas primitivas solo trabajan con una palabra por lo que requieren algoritmos más complejos cuando se debe trabajar con objetos de mayor tamaño.

- Los *spinlocks* para exclusión mutua producen inversión de prioridades y *efecto convoy* cuando un proceso en la sección crítica es interrumpido. La inversión de prioridades ocurre cuando otros procesos de mayor prioridad no pueden entrar a la sección crítica; el efecto convoy cuando los procesos en espera se acumulan, aún después de que el proceso interrumpido haya liberado la sección crítica toma un tiempo vaciar la cola de procesos en espera.

- Los interbloqueos son difíciles de evitar si se manipulan muchos objetos. Aunque hay técnicas y reglas conocidas (Sección 6.3.1, "Interbloqueos"), con el incremento del número y tamaño de los programas concurrentes el modelo ya no es sustentable ([Herlihy12]).

- Los basados en primitivas atómicas no son *componibles*. Los algoritmos de *spinlocks* son complejos por la dificultad de componer llamadas a múltiples objetos en unidades atómicas. En "Pilas concurrentes sin exclusión mutua" vimos como implementar una pila sin exclusión mutua, pero no se puede eliminar el elemento de una e insertarla en otra atómicamente. Se pueden agregar mecanismos *ad hoc*, como exclusión mutua adicional, pero crean otro cuello de botella.

- Son difíciles de gestionar de manera efectiva, especialmente para la gestión de estructuras complejas o de grandes sistemas. Si se desea más eficiencia y paralelismo hay que trabajar con granularidades pequeñas. Se usan *mutex* o *spinlocks* globales para gestionar estructuras sofisticadas (como *hashing* o árboles balanceados) porque reducir la granularidad de las secciones críticas es una tarea compleja, tediosa, propensa a errores y difícil de validar. Lo que desea el programador es indicar la sección crítica general y que el sistema se encargue de controlar la granularidad.

Todo parece indicar que en el futuro se incrementará el número de núcleos y procesadores y por consiguiente se producirá un crecimiento del número y tamaño de programas concurrentes. Hay un consenso académico y en la industria en que las herramientas actuales tienen demasiadas limitaciones para cubrir las necesidades que se avecinan.

10.2. Veinte años de historia

Aunque todavía están en su infancia, durante los últimos años se produjo un aumento notable de publicaciones científicas y desarrollos de sistemas de memorias transaccionales. La primera propuesta de usar transacciones en programas concurrentes fue de David Lomet en 1977 ([Lomet]) pero no detalló ninguna solución práctica competitiva con los mecanismos de sincronización explícitos ([Harris]). La idea cayó en el olvido durante quince años.

En 1993 Maurice Herlihy y Eliot Moss ([Herlihy93]) propusieron soluciones de soporte de hardware de transacciones para superar las limitaciones de los *spinlocks*, principalmente la inversión de prioridades, el *efecto convoy* y los interbloqueos. El mismo año Janice Stone *et al* ([Stone]) propusieron primitivas de hardware atómicas *multipalabra* conocidas como *Oklahoma Update*. El diseño propuesto está basado en la misma idea de LL/SC (Sección 4.5.6, "Load-Link/Store-Conditional (*LL/SC*)") pero permite reservar más de una palabra.

En 1995, Nir Shavit y Dan Touitou ([Shavit]) demostraron por primera vez el uso práctico de memoria transaccional por software (*STM*). En 2006 Nir Shavit, Dave Dice y Ori Shalev presentaron el algoritmo *Transaction Locking 2* (*TL2*, [Dice]). TL2 sirvió de base para varias librerías de memoria transaccional, entre ellas TinySMT ([Felber]). TinySTM es una de las librerías *STM* más populares y eficientes[1]. El desarrollo de nuevos algoritmos y las optimizaciones de los compiladores hacen que tenga sentido usar memoria transaccional aún sin soporte de hardware.

En los últimos años se ha producido un avance notable en sistemas de memoria transaccional por hardware (*HTM*). En 2007 Sun presentó el procesador UltraSPARC Rock con soporte *HTM*, cancelado en 2009 ([Chaudhry]). Los procesadores del supercomputador BlueGene Sequoia incluyeron soporte *HTM* en 2011. Entre 2012 y 2013, Intel (Haswell) e IBM (con PowerPC y S390) presentaron sus procesadores con *HTM*.

Además de los desarrollos en *STM* y *HTM* se hicieron esfuerzos importantes para la estandarización y soporte genérico de memoria transaccional. Hay un borrador para estandarizar las construcciones de *bloques atómicos* en C y C++ ([Tabatabai]). El compilador GCC incluye soporte para *STM* desde la versión 4.7 y soporte de hardware para procesadores Intel, PowerPC y S390 de la versión 4.8 ([TransactionGCC]). Los *mutex* de las librerías POSIX Threads usan el soporte de hardware desde la versión Glibc 2.18 (2013, [Kleen]). El mismo año se empezó a desarrollar soporte para *HTM* en el núcleo Linux.

 ## Transacciones de bases de datos

Las bases de datos son capaces de trabajar concurrentemente y en paralelo desde hace años, ejecutan varias consultas simultáneamente siempre que es posible. Obtienen esta eficiencia con un modelo que evita que el programador deba preocuparse de la concurrencia. El corazón del sistema es la transacción, que especifica una semántica de secuencia de operaciones –una composición– como si fuese el único proceso accediendo a la base de datos.

---

[1] Uno de sus autores, Torvald Riegel, es también responsable de las librerías *libitm* que usa GCC.

Las operaciones dentro de transacciones se ejecutan concurrentemente y en paralelo, pero las interacciones están limitadas de forma que los resultados no varían si se ejecutan una después de otra. Esta propiedad del modelo se llama *secuencialidad* (*serializability*) y facilita el trabajo al programador habituado a la programación secuencial.

Las bases de datos tienen las propiedades ACID, por *atomicidad*, *consistencia*, *aislamiento* (*isolation*) y *durabilidad*:

- *Atomicidad* significa que las operaciones de una transacción se completan todas o ninguna. Si se *rechaza* una ejecución no se dejan rastros de los cambios que se hicieron *tentativamente*. Cuando una transacción acaba correctamente se hace el *commit* haciendo visible los cambios, caso contrario la transacción de *aborta*.

- *Consistencia* significa que los datos pasan de un estado consistente a otro. Se respetan los invariantes, por ejemplo: el resultado de una transferencia bancaria que generó un ingreso en una cuenta también incluye la extracción desde otra.

- *Aislamiento* implica que no hay interferencias entre transacciones. Los cambios realizados por las operaciones de una transacción no son visibles ni afectan al resultado de otras en curso [2].

- *Durabilidad* asegura que si una transacción acaba correctamente (con *commit*) sus datos están almacenados en el dispositivo de almacenamiento persistente.

10.3. Transacciones

Como en bases de datos ACID, una transacción es una serie de instrucciones de acceso a memoria ejecutadas por un único proceso. Las transacciones concurrentes deben ser *secuenciables*: desde el punto de vista del programador parecen ejecutarse secuencialmente. El resultado de la ejecución de dos transacciones concurrentes es equivalente a una ejecución secuencial.

Mientras los *mutex* y *spinlocks* son pesimistas, las transacciones son optimistas y pueden ser ejecutadas especulativamente en paralelo. Las transacciones hacen cambios *tentativos* a objetos, si acaban sin conflictos se hace el *commit* que hace visible los cambios a los demás procesos.

---

[2] Existe la técnica del *dirty read* que permite que un `select` vea los resultados parciales de otras transacciones en curso, pero es la excepción y habitualmente hay que seleccionarla al configurar el servidor de base de datos.

Si se detecta un conflicto en los datos la transacción se aborta y no se dejan rastros de las modificaciones *tentativas* que se hicieron a las variables compartidas.

10.3.1. Ventajas

Granularidad

Las transacciones detectan y resuelven con granularidades menores. Se pueden recorrer estructuras complejas (árboles, grafos, tablas de *hashing*, etc.) o manipular muchos objetos sin que el programador deba preocuparse de optimizar la exclusión mutua. Basta especificar las transacciones a niveles más globales, las transacciones se ejecutarán en paralelo y se detectarán los conflictos con granularidad de hasta registros individuales.

Composición

Las construcciones con transacciones pueden componerse para hacer atómicas un conjunto de operaciones independientes, como eliminar elementos de una estructura y añadirlas a otras. Las diferentes operaciones se incluyen dentro de una misma transacción. Estas operaciones eran imposibles con *spinlocks* sin mecanismos adicionales más complejos y costosos (como agregar otro *spinlock*).

No producen interbloqueos

Salvo errores del programador, como esperas activas dentro de una transacción, las transacciones y sus composiciones no producen interbloqueos.

Mayor paralelismo

Al no requerir exclusión mutua todos los procesos pueden ejecutarse en paralelo en diferentes procesadores.

Pero las transacciones no son la panacea, los programadores aún pueden provocar interbloqueos o definir transacciones imposibles de finalizar sin conflictos. O incluso olvidarse de hacer el *commit* de una transacción. Para reducir este tipo de errores se especificaron construcciones sintácticas como los *bloques atómicos*.

10.3.2. Funciones y bloques atómicos

Las operaciones básicas para gestión de transacciones:

- Iniciar transacción, `StartTx`.
- Confirmar la transacción (*commit*), `CommitTx`.
- Abortar la transacción actual, `AbortTX`.

Y para acceso a datos:

- Leer, `Type ReadTx(Type *address)`.

- Escribir, `WriteTx(Type *address, Type value)`.

Una transacción simple para la operación sobre el contador de los ejemplos es[3]:

```
StartTX();
c = LoadTX(&counter);
c += 1;
StoreTX(&counter, c);
CommitTx();
```

Este tipo de construcciones se denominan *transacciones explícitas*. Pero los compiladores pueden ofrecer construcciones de uso más simple para el programador, los *bloques atómicos*:

```
transaction {
    counter += 1;
}
```

Con los bloques se mejora la calidad del código y se facilita la tarea del programador. El compilador es responsable de insertar las llamadas a las funciones de memoria transaccional (*instrumentación*). Un bloque atómico es equivalente a las siguientes funciones explícitas:

```
do {
    StartTx();
    ...
} while (!CommitTx());
```

Nota

La construcción con `transaction` es similar a `synchronized` en Java o a `atomic` en C++. Pero mientras estas últimas introducen un *mutex* que se aplica a otros métodos de la misma instancia, `transaction` es global y permite la ejecución concurrente.

Algunos compiladores ya incluyen construcciones sintácticas de bloques, el compilador *Intel C++ STM Compiler* ([IntelSTM]) y GCC. Para C/C++ se está trabajando en el borrador de la especificación ([Tabatabai]), permitirá dos tipos de transacciones: relajadas y más estrictas[4].

---

[3]Los nombres de las funciones son genéricos, uso los mismos que se suelen encontrar en la bibliografía.

[4]`__transaction_relaxed` y `__transaction_atomic` respectivamente.

10.3.3. Bloques atómicos con GCC

Desde la versión 4.7 GCC (2011) permite especificar bloques atómicos con semántica similar a la del borrador de C/C++ ([TransactionGCC]). El siguiente ejemplo es la implementación del contador con memoria transaccional (código completo en `mutex_transaction.c` en el directorio `transactional/`)[5]:

Mutex **con GCC**

```
for (i=0; i < max; i++) {
    __transaction_atomic {
        counter++;
    }
}
```

10.3.4. Gestión de versiones

Los sistemas de memoria transaccional deben gestionar las escrituras tentativas que se hacen en las transacciones, esta tarea se denomina *gestión de versiones*. Hay dos modelos:

Actualización directa (o *eager version management*)
Se modifica directamente en la dirección de memoria original y se mantiene un *undo-log* para restaurar los valores si la transacción es abortada. Este modelo requiere control de concurrencia pesimista.

Actualización retrasada (*lazy version management* o *deferred update*)
Las actualizaciones se hacen al momento del *commit*. Las transacciones mantienen un *redo-log* privado. El *redo-log* puede ubicarse una copia en memoria, *buffers* de escritura, líneas de caché de acceso exclusivo, o en registros adicionales (*renamed registers*).

10.3.5. Control de concurrencia

Cada transacción mantiene un conjunto de registros *leídos* (*read-set*) y *escritos* (*write-set*) que son usados para detectar y solucionar los conflictos. Se diferencian tres eventos puntuales:

1. Ocurrencia: El momento en que dos transacciones hacen operaciones conflictivas sobre las mismas regiones de datos.

2. Detección: Cuando el sistema de memoria transaccional determina que hay un conflicto.

---

[5]Puede usarse también `__transaction_relaxed`, pero con gcc 4.9 no encontré diferencia en el código ensamblador generado.

3. Resolución: Cuando el sistema de memoria transaccional toma una acción para evitar el conflicto. Puede abortar o retrasar una de las transacciones.

Los tres eventos pueden ocurrir en diferentes momentos pero siempre en el mismo orden. Hay dos modelos de control dependiendo del momento en que ocurre la detección:

- El *control de concurrencia pesimista* detecta el conflicto en cuanto se produce, por lo tanto los tres eventos se producen simultáneamente. Al inicio de cada transacción el proceso se *apropia* de los datos, como en una sección crítica, y los demás no pueden acceder a ellos.

- Con el *control optimista* los eventos de detección y resolución pueden ocurrir más tarde. Este tipo de control permite que varias transacciones accedan simultáneamente a los mismos datos y avancen aún con conflictos. Esto permite mayor libertad para la resolución, se puede abortar o retrasar a las transacciones conflictivas.

El control optimista permite mayores niveles de concurrencia, pero si la tasa de conflictos es elevada produce ejecuciones inútiles. En estos casos es mejor usar control pesimista.

El control optimista debe considerar otras cuestiones:

- Granularidad del conflicto. Puede tratarse a nivel de palabras, objetos (tamaños superiores o estructuras más complejas) o líneas de caché en implementaciones por hardware.

- El instante de la detección del conflicto:

  ◦ Si se hace al acceder a los datos se denomina *detección temprana* (*early conflict detection*).

  ◦ El sistema puede hacer validaciones en varios instantes durante la transacción para verificar si hay conflictos.

  ◦ Si se hace en el momento del *commit* se denomina *detección tardía* (*lazy conflict detection*).

- El tipo de acceso que es tratado como conflicto. Se puede hacer entre transacciones concurrentes activas (*tentativas*) o entre las activas y las ya finalizadas.

10.4. Memoria transaccional por software (*STM*)

Los sistemas *STM* son implementaciones por software que pueden ejecutarse en cualquier procesador. Implican una penalización importante por el control programático que debe hacerse de cada lectura y escritura de un objeto. Sin embargo, los sistemas *STM* tienen importantes ventajas:

- El software es más flexible que el hardware, evoluciona más rápido y permite implementar una mayor variedad de algoritmos.

- No está limitado por las estructuras de palabras del hardware, puede implementar transacciones a nivel de objetos con estructuras más complejas.

- Naturalmente permiten las transacciones con llamadas explícitas pero son fácilmente integrables en los lenguajes. Estos pueden generar el código necesario (*instrumentación*) para las llamadas a las funciones.

10.4.1. Componentes

Los componentes fundamentales de las librerías *STM* son:

- Descriptor de la transacción. Es la estructura de datos que mantiene la información de estado de cada transacción.

- *Undo-log* o *redo-log*. Depende del sistema de versiones que use el sistema debe mantener uno u otro.

- Conjuntos de registros leídos (*read-set*) y escritos (*write-set*). Mantienen las direcciones que fueron leídas y escritas, normalmente acompañadas de un número de versión (que puede ser local o global).

- Estructuras comunes. Son los datos necesarios para detectar conflictos entre diferentes transacciones y hacer operaciones atómicas con sus estructuras de datos. Por ejemplo, array de *spinlocks* para secciones críticas internas, número de versión global, árbol de dependencias globales, etc.

10.4.2. Llamadas explícitas

En general las librerías se programan con llamadas explícitas, veremos ejemplos con la librería *tinySMT* (ya incluidas en el repositorio de Github).

El procedimiento general es inicializar la librería al principio del programa (`stm_init`) y en cada hilo que la usará (`stm_init_thread`). Las transacciones se inician con `stm_start` y se hace el *commit* con `stm_commit`. Los ejemplos de la librería incluyen macros de conveniencia para facilitar la programación, en los ejemplos usamos los de inicio (`TM_START`) y fin de transacción (`TM_COMMIT`).

Dentro de las transacciones no se debe acceder directamente a los registros u objetos compartidos, sino que deben usarse las funciones para lectura y escritura. En nuestro caso, se trata de un entero, usamos `stm_load_int` y `stm_store_int`.

El siguiente es el código resumido para incrementar el contador compartido (código completo en `mutex_tinystm.c`):

```
for (i=0; i < max; i++) {
    TM_START(0, 0);              ❶
    c = stm_load_int(&counter);
    c++;
    stm_store_int(&counter, c);
    TM_COMMIT;                   ❷
}
```

❶   Un macro de conveniencia que abre un bloque, llama a `stm_start` y salva el contexto.

❷   Otro macro de conveniencia, llama a `stm_commit` y cierra el bloque.

10.4.3. Instrumentación del compilador

No es práctico programar con funciones explícitas, son propensas a provocar errores de programación. El programador debe preocuparse de insertar las funciones de inicio o fin de transacción y de no acceder directamente a las variables compartidas, sino usar las funciones específicas para leer o almacenar. Cualquier omisión puede provocar fallos graves difíciles de detectar.

Es mucho más conveniente una construcción sintáctica que delimite claramente qué instrucciones son las que están en una transacción y que sea el compilador el responsable de detectar qué accesos necesitan ser controlados. Para ello se definen los *bloques atómicos*, como el siguiente ejemplo (similar a `mutex_transaction.c`):

```
transaction {
    counter += 1;
}
```

El compilador es el responsable de hacer la *instrumentación* del código. Consiste en detectar el acceso a variables compartidas e insertar las llamadas a las funciones de lectura y escritura de la librería. En el ejemplo anterior el GCC inserta el siguiente código:

```
call    _ITM_beginTransaction
...
call    _ITM_RU4     ❶
...
call    _ITM_WU4     ❷
...
call    _ITM_commitTransaction
```

❶   Función para leer `counter`, un entero de cuatro bytes.

❷   Función para escribir `counter`.

Las funciones con el prefijo `_ITM` son parte del estándar *Intel Transactional Memory Compiler and Runtime Application Binary Interface* ([IntelABI]) que define las funciones que deben implementarse en las librerías *STM*. El objetivo es que un programa pueda usar diferentes librerías seleccionadas en el momento de la ejecución. Las librerías más populares *STM* implementan este estándar.

GCC incluye su propia librería de memoria transaccional: *libitm*. Las funciones están implementadas en las librerías *runtime* y se cargan dinámicamente, pero puede usarse cualquier otra compatible con *ITM*.

10.5. Memoria transaccional por hardware (*HTM*)

Aunque las librerías *STM* son muy flexibles imponen una sobrecarga a la ejecución, cada lectura y asignación implica llamadas a funciones que a su vez ejecutan algoritmos de control de versiones y concurrencia. Puede hacerse más eficiente en el hardware aunque estos tienen más limitaciones que las implementaciones por software.

Hay dos tipos básicos de sistemas *HTM*:

Sistemas explícitos

El procesador tiene instrucciones adicionales de acceso a memoria para indicar qué direcciones deben tratarse como parte de una transacción, por ejemplo `load_transactional` o `store_transactional`. Estos sistemas dan mayor libertad y flexibilidad al programador pero requieren adaptación de todas las librerías para que usen las nuevas instrucciones. No es la mejor solución si se desea mantener compatibilidad con los programas más antiguos. Las propuestas *Oklahoma Update* ([Stone]) y *Advanced Synchronization Facility* eran de este tipo, aunque ninguno de ellas llegó a fabricarse.

Sistemas implícitos

Solo requieren que se indiquen los límites de la transacción, como `tbegin` y `tend`. Todos los accesos a variables compartidas entre ambas instrucciones son tratados como transaccionales. El primer procesador de este tipo fue el UltraSPARC Rock de Sun. Los procesadores Intel, PowerPC y S390 implementan este mecanismo en sus procesadores con soporte de *HTM*.

10.5.1. Intel TSX, IBM PowerPC y S390

En 2012 Intel anunció que su arquitectura Haswell incluiría *HTM* y comenzó a comercializarla desde 2013 en los procesadores Xeon e i7[6]. BlueGene Q/Sequoia de IBM usa *HTM* desde 2011, los procesadores de S390 System z desde 2013 y POWER8 con *HTM* se comercializan desde 2014.

---

[6]Podéis verificar si tiene soporte con `cat /proc/cpuinfo`, en la línea de `flags` debería aparecer `hle` y/o `rtm`.

Los sistemas *HTM* de las tres arquitecturas son similares (*RTM* en Intel), implementan transacciones implícitas y ofrecen instrucciones casi idénticas:

- Intel: `xbegin`, `xend`, `xabort`, `xtest`.
- PowerPC: `tbegin`, `tend`, `tabort`, `tcheck`.
- S390: `tbegin`, `tend`, `tabort`, `etnd`.

Desde la versión 4.8 *libitm* detecta y usa automáticamente las extensiones de *HTM* de hardware de Intel. Gracias a las similitudes, desde la versión 4.9 también soporta a los procesadores PowerPC e IBM S390. Si *libitm* detecta soporte de hardware primero intenta la transacción por hardware (el *fastpath*) y si el procesador aborta la transacción la resuelve por software.

10.5.2. Detección de conflictos

Para detectar conflictos el procesador debe mantener el conjunto de posiciones de memoria leídas (*read-set*) y modificadas (*write-set*). Con los protocolos modernos de coherencia de caché no es complicado. Cada línea accedida durante una transacción es marcada como *exclusiva* por el procesador, si además se escribe en ella es etiquetada como *modificada*.

La implementación por hardware tiene limitaciones e impone restricciones. A diferencia de las librerías *STM* que pueden implementar transacciones de objetos, en hardware solo es posible con bytes y palabras. La cantidad máxima de memoria accedida durante una transacción está limitada por el tamaño de la caché, si el de los datos lo supera la transacción se abortará. La granularidad de la detección de conflictos es de una línea de caché por lo que puede sufrir problemas de *false sharing*. Es decir, se abortará la transacción si desde otro procesador se modifica una posición diferente pero que comparte línea de caché.

Las transacciones se abortan apenas se detectan conflictos en la caché, por eso los sistemas de hardware son de *detección temprana*. El *rollback* de una transacción tampoco es un gran problema, desde hace años los procesadores usan mecanismos de actualización retrasada. Para transacciones se pueden usar dos:

- Las líneas de caché modificadas se ponen en modo *write-back* y no se vuelcan a memoria RAM a menos que la transacción finalice, en caso contrario se marcan como inválidas todas las líneas escritas.
- Se usa *renombrado de registros*. Los procesadores tienen más registros físicos de los usados por los programas, sus *nombres* son dinámicos (se usan mecanismos de *hashing*). En estos casos los registros usados durante la transacción simplemente se descartan.

Las transacciones también pueden ser abortadas si ocurren cambios de contexto, interrupciones del procesador, llamadas a operaciones de E/S. Para ayudar al software a detectar la razón del aborto devuelven un valor en un registro. Este indica las posibles causas, por ejemplo: error temporal (se puede reintentar), señales, pausa, interrupción, fallo de página, etc.

10.6. Programación con Intel TSX

TSX es el nombre de las extensiones *HTM* de Intel para su arquitectura Haswell. Incluye dos interfaces con mecanismos diferentes:

- *Restricted Transactional Memory* o *RTM*.
- *Hardware Lock Elision* o *HLE*.

TSX usa la caché L1 de cada núcleo y el protocolo *MESI* para detectar conflictos[7]. La caché L1 tiene 512 líneas y es *8-way* (8 x 64) con 32 KB en total, pero es compartida en los núcleos con *hyperthreading* por lo que la capacidad se reduce a la mitad. Cada línea tiene un bit adicional, *T*, para marcar las líneas que contienen direcciones que son parte del conjunto de la transacción activa.

Cuando se lee una variable dentro de una transacción se pone en uno el bit *T* de su línea de caché y es marcada como *exclusiva* (ahora está en el *read-set*). Si la variable se modifica se marca su línea de caché como *modificada* (ahora está en el *write-set*). Si se llega al final de la transacción sin conflictos se ponen los bits *T* en cero por lo que todas las líneas modificadas son visibles a los demás procesadores.

Si *CPU0* está en una transacción y desde *CPU1* se intenta acceder a la misma dirección que una variable de la transacción, el protocolo MESI notificará a la *CPU0* inmediatamente. Si esa línea de caché está marcada como *modificada* se aborta la transacción: invalida las líneas involucradas y pone sus bit *T* en 0. *CPU1* leerá el valor sin modificar en la memoria RAM. Lo mismo ocurre si *CPU1* intenta escribir en una dirección que está en el *read-set* de *CPU0* (es decir, con *T* en uno pero sin estar marcada como *modificada*).

La solución es técnicamente simple, eficiente y está integrada en el sistema de caché, pero una transacción que está a punto de finalizar puede ser forzada a abortar por acceso de otra que acaba de comenzar. O incluso por lecturas de variables modificadas desde otras CPU que no están en una transacción.

10.6.1. *Hardware Lock Elision*

HLE está basado en el trabajo de Ravi Rajwar y James R. Goodman publicado en 2001 ([Rajwar])[8]. La idea es creativa y permite que programas compilados para *HLE* funcionen en procesadores antiguos o sin soporte de *HTM*.

---

[7] Sección 3.2.1, "Coherencia de caché en multiprocesadores"
[8] Posteriormente Intel contrató a Ravi Rajwar.

Los *mutex* con *spinlocks* tradicionales, por ejemplo con *get&set*,[9] tienen el siguiente aspecto:

```
movl    $1, %eax
xchgl mutex(%rip), %eax      ❶
...
movl    $0, mutex(%rip)      ❷
```

❶   Hace el intercambio con `mutex`, lo pone en 1.
❷   Libera el *mutex*.

HLE provee dos prefijos nuevos, `xaquire` y `xrelease`. Estos se añaden a las instrucciones de entrada a la sección crítica (`xchgl` en este caso) y en la salida, como en el siguiente código:

```
movl    $1, %eax
xacquire xchgl  mutex(%rip), %eax
...
movl    $0, %eax
xrelease movl   %eax, mutex(%rip)
```

Cuando el procesador encuentra la operación `xchgl` con el prefijo `xacquire` elide[10] la asignación y ejecuta el resto de las instrucciones como una transacción hasta que encuentra `xrelease`. Si detecta conflicto vuelve a ejecutar desde el `xacquire` pero esta vez sí ejecuta la instrucción `xchgl`.

GCC permite especificar *spinlocks* con los prefijos *HLE* con la opción `__ATOMIC_HLE_ACQUIRE` en sus macros atómicas. El código simplificado para el *lock* y *unlock* es el siguiente (código completo en `mutex_hle.c` del subdirectorio `transactional/intel/`):

```
void lock() {
    while(exchange_n(&mutex, 1, __ATOMIC_HLE_ACQUIRE));
}

void unlock() {
    store_n(&mutex, 0, __ATOMIC_HLE_RELEASE);
}
```

Los *opcodes* de ambos prefijos son los mismos que `repne` y `repe` y son ignorados por los procesadores sin soporte *HLE*.

---

[9] Sección 4.5.1, "*Get&Set*"

[10] Es la traducción de *elision*, un verbo válido en castellano, se dice así a la supresión de vocales o de palabras completas.

10.6.2. *Restricted Transactional Memory*

Se denomina *restringida* porque no están permitidas todas las instrucciones. Algunas causan el aborto de la transacción: `cpuid`, `pause`, operaciones de punto flotante, MMX, instrucciones que causan cambios de privilegios, etc.

RTM tiene tres funciones fundamentales, `xbegin` para comenzar la transacción, `xabort` para abortarla explícitamente y `xend` para el *commit*. No se asegura *progreso* (las transacciones podrían abortar siempre) por lo que no puede ser llamada indefinidamente dentro de un bucle, hay que proveer un camino alternativo. Este suele ser la llamada a un *spinlock* o *mutex*.

El patrón de programación con un *spinlock* para exclusión mutua es el siguiente (se usan los *intrinsics* de Intel para GCC):

```
if (_xbegin() == _XBEGIN_STARTED) {   ❶
    if (mutex) {
        _xabort(0xff);                 ❷
    }
    /* critical section */
    _xend();                           ❸
} else {
    lock();                            ❹
    /* critical section */
    unlock();
}
```

❶   Se verifica si la transacción fue iniciada y finalizó sin conflictos.
❷   Agrega `mutex` al *read-set* de la transacción (abortará si se modifica desde otra CPU) y verifica su valor. Si es diferente a cero hay otro proceso en la sección crítica por lo que se aborta inmediatamente.
❸   Hace el *commit*.
❹   Si la transacción fue abortada se usa el camino alternativo con el *spinlock*.

Por claridad, para no repetir código y mantener el mismo estándar de llamadas de secciones críticas se pueden separar en funciones equivalentes a *lock* y *unlock*. El siguiente es el ejemplo típico:

```
void rtm_lock() {
    if (_xbegin() == _XBEGIN_STARTED) {
        if (! mutex) return;           ❶
        _xabort(0xff);
    }
    lock();                            ❷
}
```

```
void rtm_unlock() {
    if (! mutex)
        _xend();
    else
        unlock();                           ❸
}
```

❶   Si `mutex` está en cero puede continuar con la transacción.
❷   Se usará el *spinlock* porque la transacción fue abortada.
❸   Si `mutex` es diferente a cero se usó el *spinlock*, hay que liberarlo.

Efecto convoy

Aunque el patrón anterior aparece en todos los ejemplos de *RTM*, tiene serios problemas
de eficiencia: reproduce y agrava el efecto convoy de los *spinlocks*. Si una transacción
aborta en condiciones de alta competencia se produce un efecto cascada que hace fallar
a las siguientes.

La probabilidad de que una transacción falle no es baja, siempre ocurrirá en un bucle
con mucha competencia, incluso por fallos espurios o insuficiencia temporal de memoria
caché. Cuando la transacción se aborta se ejecuta el *spinlock* sobre `mutex`, las siguientes
también abortarán porque `mutex` no es cero y se acumularán en la cola de procesos del
spinlock.

Para evitar este efecto hay que reintentar la transacción un número limitado de veces si es
factible que pueda acabar sin conflictos. El procesador indica la razón del fallo, incluso
da pistas de si vale la pena reintentar (con el código `_XABORT_RETRY`), se puede usar su
valor para decidir reintentar la transacción o tomar el camino alternativo.

El siguiente es el código simplificado de cómo queda la función `rtm_lock` (código completo en `mutex_rtm.c` también en el subdirectorio `transactional/intel/`):

```
int c = 0, st = 0;

while (c < 10 && CAN_TRY) {
    if ((st = _xbegin()) == _XBEGIN_STARTED) {
        if (! mutex) return;
        _xabort(0xff);
    }
    c++;
}
lock();
```

Se reintenta la transacción hasta diez veces si se cumple alguna de las siguientes condiciones:

• el valor del estado (`st`) indica que puede reintentarse (`status & _XABORT_RETRY`);

- si se abortó explícitamente por el valor de `mutex` (`_XABORT_CODE(status) > 0`)
- o si el código de error es 0.

En el siguiente gráfico se puede observar una comparación de tiempos de CPU y retorno del algoritmo de lectores-escritores con *spinlock*, *RTM* simple y *RTM* con reintentos de la transacción (código en `rw_rtm.c` de `transactional/intel/`).

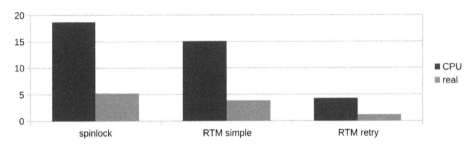

Figura 10.1. Lectores-escritores con y sin reintentos de la transacción

La diferencia de tiempos de CPU y retorno son considerables. Para aprovechar la eficiencia de *HTM* hay que ser muy cuidadosos y analizar las razones del fallo para tomar la decisión de reintentar o pasar a la alternativa de sección crítica.

10.7. Comparación de tiempos

Como en capítulos anteriores, a continuación se muestran un par de comparaciones de tiempos de las técnicas que acabamos de ver. No pretenden ser científicamente rigurosos ni referencia de rendimiento, solo dar una idea de las ventajas de eficiencia que se asegura en la bibliografía en general y en este capítulo en particular.

Para los interesados en comparaciones de rendimiento existe un estándar: *Stanford Transactional Application for MultiProcessing* (*STAMP*, [Minh]). STAMP es un conjunto de programas especialmente diseñados para evaluación y medición de aplicaciones con memoria transaccional.

10.7.1. Lectores-escritores

Los algoritmos de lectores-escritores tienen pre y posprotocolos diferentes dependiendo de si el proceso modifica o solo lee registros compartidos. Los programas tienen la siguiente forma:

```
void reader() {
    reader_lock();
    c = counter;
    reader_unlock();
}
```

```
void writer() {
    writer_lock();
    counter++;
    writer_unlock();
}
```

Con transacciones no hacen falta protocolos diferentes, basta con indicar que son parte de una transacción y el sistema detectará los conflictos adecuadamente.

```
void reader() {
    transaction {
        c = counter;
    }
}

void writer() {
    transaction {
        counter++;
    }
}
```

Con memoria transaccional debería apreciarse una reducción importante de tiempo comparado con exclusión mutua. El siguiente gráfico muestra los tiempos de retorno (en segundos) de diferentes mecanismos en dos procesadores diferentes, un i5 sin soporte de hardware y en un Xeon con *TSX*.

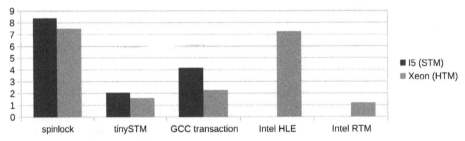

Figura 10.2. Tiempos de ejecución lectores-escritores

Las dos barras de la izquierda muestran los tiempos del *spinlock* básicos como referencia para los demás algoritmos.

Las siguientes son los tiempos con transacciones de software de la librería *tinySTM* (código fuente en `rw_tinystm.c` del directorio `transactional/`). En ambos procesadores la reducción de tiempo es importante aún con la sobrecarga de llamadas a funciones.

A continuación con el bloque atómico de GCC que usa *libitm* (código fuente en `rw_transaction.c`). En Xeon se usa el soporte de hardware, en i5 es solo por software. *Libitm* no es tan eficiente como *tinySTM* pero la reducción de tiempo sigue siendo importante.

Las dos últimas barras de la derecha son los tiempos de *HLE* (código fuente en `rw_hle.c` del subdirectorio `transactional/intel/`) y RTM (`rw_rtm.c` en el mismo directorio), solo disponibles en Xeon. *RTM* dio los mejores tiempos, los de *HLE* son similares a los del *spinlock*.

En este caso –y en este modelo de procesador– *HLE* tiene dos problemas:

- Las lecturas de `counter` generan más transacciones fallidas. Aproximadamente el 50 % de las transacciones se abortan, con *RTM* no llegan al 0,03 %. Si se elimina la lectura de `counter` el número de fallos se reduce a aproximadamente 33 %, una tasa todavía elevada.

- Se produce el efecto convoy, al tener un porcentaje elevado de fallos hace que las demás transacciones también fallen porque se modifica el valor de `mutex`.

10.7.2. *Mutex* con estructuras complejas

Otra ventaja de la memoria transaccional es que el programador no se debe preocupar de las granularidades menores en estructuras complejas de datos porque son *detectadas* automáticamente por el sistema de memoria transaccional. En el siguiente gráfico se muestran los tiempos de incrementos concurrentes a diferentes posiciones de un array de enteros. Como se modifican direcciones diferentes es una simulación simplificada del comportamiento con tablas de *hashing* y en menor grado de árboles y grafos[11].

Se toman diferentes tamaños desde un array de tamaño 1 (que es equivalente al contador de los ejemplos de este libro) a 4096. Cada proceso incrementa diferentes posiciones que varían uniformemente. Las pruebas fueron hechas sobre un Xeon con soporte *HTM*. El grupo de barras desde la izquierda son idénticas al gráfico anterior, cada barra representa diferentes tamaños del array: 1, 64, 1024 y 4096 posiciones.

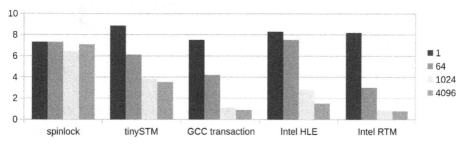

Figura 10.3. Tiempos de ejecución HTM Intel Xeon

Todos los métodos de memoria transaccional se comportan peor que el *spinlock* con tamaño uno (equivalente a modificar una única variable). A partir de allí todos mejoran,

---

[11] Los árboles y grafos tienen estructuras más complejas basadas en punteros y asignación dinámica de memoria, sus direcciones son más lejanas por lo que se producen menos *false sharing*.

como era de esperar. El que mejor tiempo es de *RTM*, le siguen el de bloques atómicos del GCC con *libitm* (usa el soporte de hardware), luego *HLE* y finalmente *tinySTM* (es la única que funciona solo por software).

10.8. Recapitulación

Hay consenso en que las herramientas y mecanismos tradicionales no sirven para un previsible futuro de expansión de las arquitecturas multiprocesadores y programación concurrente y paralela. Por ello el área de investigación en memoria transaccional está muy activa.

El problema es cómo compatibilizar las nuevas aplicaciones con código existente, las transacciones deben coexistir con código no transaccional durante muchos años. Los diseñadores de lenguajes deben implementar nuevas construcciones sintácticas y definir con precisión su semántica (como el tratamiento de excepciones y señales).

Uno de los objetivos es mejorar el rendimiento de las aplicaciones, por lo que la eficiencia juega un papel importante. Los sistemas *STM* no pueden alcanzar la eficiencia que se puede alcanzar por hardware pero son más maleables y permiten experimentar con algoritmos más complejos.

Por otro lado los fabricantes de procesadores tienen limitaciones en cuanto a los algoritmos que pueden implementar, estos además deben ser validados y probados extensivamente antes de lanzar la producción masiva: no se puede cambiar la arquitectura y crear dependencias y problemas de compatibilidad en el futuro. Esto hace que cuando los procesadores salen al mercado ya son casi obsoletos.

Los procesadores con soporte *HTM* son todavía jóvenes y una parte pequeña del total, queda por ver cuánto aportan a la eficiencia de las aplicaciones de uso real. De todas formas, hace solo tres años no había procesadores con soporte *HTM* en el mercado, ahora ya hay tres arquitecturas que seguramente mejorarán mucho en eficiencia en los próximos años.

Es probable que se opte por soluciones híbridas y que los compiladores y librerías *runtime* sean los responsables de ocultar detalles y asegurar compatibilidad. La librería *libitm* integrada en GCC es todavía muy joven –con mucho por mejorar– pero ya se aprecian las ventajas de código instrumentado por el compilador que además es capaz de aprovechar el soporte de hardware.

Capítulo 11. Epílogo

Nos cuesta reconocer que ignoramos más de lo que conocemos. También que desconocemos nuestra historia y las personas que la hicieron posible.

1963

El matemático holandés Theodorus Jozef Dekker inventa un algoritmo de exclusión mutua para dos procesos.

1965

Edsger W. Dijkstra propone una solución y formalismos para algoritmos de exclusión mutua ([Dijkstra65]), inventa el problema de los filósofos cenando, define el modelo de productor-consumidor y trabaja con la idea de semáforos ([Dijkstra35], [Lamport15]).

1973

Charles Antony Richard Hoare, más conocido como *Tony*, formaliza el concepto de monitores ([Hoare1]).

IBM implementa la instrucción *compare&swap* de Charlie Salisbury en su arquitectura 370/XA.

1974

Leslie Lamport publica el algoritmo de la panadería ([Lamport]).

Edsger Dijkstra publica la formalización de semáforos inventados años atrás ([Dijkstra74]).

Per Brinch Hansen diseña y desarrolla *Concurrent Pascal*, el primer lenguaje con monitores ([Brinch]).

1977

David Lomet propone el uso de transacciones para programación concurrente ([Lomet])

1978

Tony Hoare publica el modelo de *Communicating Sequential Processes* ([Hoare]) que serviría de base para el lenguaje occam, Erlang, Go y arquitecturas de procesamiento en paralelo.

1981

Gary L. Peterson publica una solución más simple del algoritmo de Dekker ([Peterson]).

Glenn Ricart y Ashok Agrawala publican el algoritmo de exclusión mutua distribuida basado en la idea del algoritmo de la panadería ([Ricart]).

1983

David May de INMOS y Tony Hoare desarrollan el lenguaje *occam* para la arquitectura Transputer.

Glenn Ricart y Ashok Agrawala publican el algoritmo de exclusión mutua distribuida basada en paso de testigo ([Agrawala], [Carvalho]).

1984

Mark Papamarcos y Janak Patel publican el protocolo MESI ([Papamarcos]).

1985

Gul Agha y Carl Hewitt presentan el modelo de *actores* para mejorar el paralelismo ([Agha]).

1986

Joe Armstrong, Robert Virding y Mike Williams de Ericcson desarrollan Erlang basado en ideas de *CSP*.

1991

Maurice Herlihy demuestra la capacidad de *consenso infinita* de la instrucción *compare&swap* (Herlihy91).

John M. Mellor-Crummey y Michael L. Scott publican el *spinlock* MCS ([MCS1]).

Mitchell Neilsen y Masaaki Mizuno publican un algoritmo de paso de testigo más eficiente basado en árboles de cobertura virtuales ([Neilsen]).

1993

Travis Craig ([Craig]) y Anders Landin y Eric Hagersten ([CLH]) inventan de manera independiente el algoritmo de *spinlocks CLH*.

Maurice Herlihy y Eliot Moss proponen soluciones de hardware para memoria transaccional (*HTM*) ([Herlihy93]).

Janice Stone, Harold Stone, Phil Heidelberger y John Turek proponen primitivas de hardware atómicas conocidas como *Oklahoma Update* ([Stone]).

1995

Nir Shavit y Dan Touitou ([Shavit]) demuestran el uso práctico de memoria transaccional por software (*STM*).

Sun publica el lenguaje Java –implementa monitores- diseñado por James Gosling, Mike Sheridan y Patrick Naughton.

2001

Ravi Rajwar y James R. Goodman publican el algoritmo *Speculative Lock Elision* que luego se usará en Intel *HLE* ([Rajwar]).

2002

Hubertus Franke, Rusty Russell y Matthew Kirkwood diseñan *FUTEX* para Linux ([Franke]).

2006

Nir Shavit, Dave Dice y Ori Shalev presentan el algoritmo *TL2* ([Dice]).

2007

Sun Microsystems presenta el procesador UltraSPARC Rock con soporte *HTM* ([Chaudhry]).

2010

Google publica el lenguaje Go diseñado por Robert Griesemer, Rob Pike y Ken Thompson.

2011

BlueGene de IBM soporta *HTM*.

2012

Intel anuncia la arquitectura Haswell con soporte *HTM*.

2013

Se comercializan los procesadores Intel Haswell.

2014
   Se comercializan los procesadores PowerPC y S390 con soporte *HTM*.

Referencias

- [Agha] Gul Agha, Carl Hewitt. *Concurrent Programming Using Actors: Exploiting Large-Scale Parallelism.* A. I. Memo No. 865. October 1985. ftp://publications.ai.mit.edu/ai-publications/pdf/AIM-865.pdf

- [Agrawala] Glenn Ricart, Ashok A. Agrawala. *Author's Response to* 'On Mutual Exclusion in Computer Networks by Carvalho and Roucairol'. Communications of the ACM, 26(2), 1983.

- [AMDHTM] *Advanced Synchronization Facility Proposed Architectural Specification.* Advanced Micro Devices. March 2009. http://developer.amd.com/wordpress/media/2013/09/45432-ASF_Spec_2.1.pdf

- [Atomics_C11] *Built-in functions for memory model aware atomic operations.* https://gcc.gnu.org/onlinedocs/gcc-4.9.2/gcc/_005f_005fatomic-Builtins.html#_005f_005fatomic-Builtins

- [Atomics] *GCC Built-in functions for atomic memory access.* https://gcc.gnu.org/onlinedocs/gcc-4.4.3/gcc/Atomic-Builtins.html

- [Howells] David Howells. *Linux Kernel Memory Barriers.* https://www.kernel.org/doc/Documentation/memory-barriers.txt

- [Barz] Hans W. Barz. *Implementing semaphores by binary semaphores.* ACM SIGPLAN, Volume 18 Issue 2, February 1983

- [Ben-Ari] Mordechai Ben-Ari. *Principles of Concurrent and Distributed Programming.* Second edition 2006, Addison-Wesley, ISBN 978-0-321-31283-9.

- [Boyd-Wickizer] Silas Boyd-Wickizer, M. Frans Kaashoek, Robert Morris, and Nickolai Zeldovich. *Non-scalable locks are dangerous.* MIT CSAIL. http://pdos.csail.mit.edu/papers/linux:lock.pdf

- [Brinch] Per Brinch-Hansen. *Monitors and Concurrent Pascal: A Personal History.* 2nd ACM History of programming languages, ISBN:0-201-89502-1, Pages 121-172, 1996. http://brinch-hansen.net/papers/1993a.pdf

- [Carvalho] O.S.F Carvalho, Tracy Camp. *On mutual exclusion in computer networks.* Communications of the ACM, 26(2), 1983.

- [Chaudhry] Shailender Chaudhry *et al.* *Rock: A High-Performance Sparc CMT Processor.* IEEE Micro Volume: 29, Issue: 2. March-April 2009. http://dl.acm.org/citation.cfm?id=1550516

- [CLH] Peter Magnusson, Anders Landin, Erik Hagersteny. *Queue Locks on Cache Coherent Multiprocessors.* IPPS 1994: 165-171.

- [Corbet1] Jonathan Corbet. *Ticket spinlocks*. http://lwn.net/Articles/267968/

- [Corbet2] Jonathan Corbet. *Improving ticket spinlocks*. http://lwn.net/Articles/531254/

- [Craig] Travis S. Craig. *Building FIFO and Priority-Queuing Spin Locks from Atomic Swap*. Technical Report 93-02-02, University of Washington, 1993. ftp://ftp.cs.washington.edu/tr/1993/02/UW-CSE-93-02-02.pdf

- [Dice] D. Dice, O. Shalev, and N. Shavit. *Transactional Locking II*. Proceedings of the 20th International Symposium on Distributed Computing (DISC), Stockholm, Sweeden, Sept. 2006. http://www.disco.ethz.ch/lectures/fs11/seminar/paper/johannes-2-1.pdf

- [Dijkstra35] E. W. Dijkstra. *Over de sequentialiteit van procesbeschrijvingen*. http://www.cs.utexas.edu/users/EWD/transcriptions/EWD00xx/EWD35.html

- [Dijkstra65] E. W. Dijkstra. *Solution of a Problem in Concurrent Programming Control*. Communications of the ACM Volume 8 Issue 9, Sept. 1965. http://www.di.ens.fr/~pouzet/cours/systeme/bib/dijkstra.pdf

- [Dijkstra74] E. W. Dijkstra. *Over seinpalen*. http://www.cs.utexas.edu/users/EWD/transcriptions/EWD00xx/EWD74.html

- [Drepper] Ulrich Drepper. *Futexes Are Tricky*, Red Hat Inc., 2011. http://www.akkadia.org/drepper/futex.pdf

- [Felber] Pascal Felber, Christof Fetzer, Torvald Riegel. *Dynamic Performance Tuning of Word-Based Software Transactional Memory*. PPoPP '08 Proceedings of the 13th ACM SIGPLAN Symposium on Principles and practice of parallel programming, Pages 237-246, 2008. http://se.inf.tu-dresden.de/pubs/papers/felber2008tinystm.pdf

- [Franke] Hubertus Franke, Rusty Russell, Matthew Kirkwood. *Fuss, Futexes and Furwocks: Fast Userlevel Locking in Linux*. https://www.kernel.org/doc/ols/2002/ols2002-pages-479-495.pdf

- [Gifford] David Giffor, Alfred Spector. *Case Study: IBM's System/360-370 Architecture*. Communications of the ACM, Volume 30, Number 4, 1987. http://lambda.csail.mit.edu/~chet/papers/others/s/spector/spector87ibm.pdf

- [Harris] Tim Harris, James Larus, Ravi Rajwar. *Transactional Memory, 2nd edition*. Synthesis Lectures on Computer Architecture. December 2010. http://www.morganclaypool.com/doi/abs/10.2200/S00272ED1V01Y201006CAC011

- [Hart] Darren Hart. *A futex overview and update*. Linux Weekly News, 2009. http://lwn.net/Articles/360699/

- [Herlihy12] Maurice Herlihy, Nir Shavit. *The Art of Multiprocessor Programming*. 2012. ISBN 978-0123973375.

- [Herlihy91] Maurice Herlihy. *Wait-Free Synchronization*. ACM Transactions on Programming Languages and Systems, 1991. http://cs.brown.edu/~mph/Herlihy91/p124-herlihy.pdf

- [Herlihy93] Maurice Herlihy, J. Eliot B. Moss. *Transactional memory: architectural support for lock-free data structures*. ISCA '93: Proc. 20th Annual International Symposium on Computer Architecture. May 1993. http://www.cs.utexas.edu/~pingali/CS395T/2009fa/lectures/herlihy93transactional.pdf

- [Hoare] C.A.R. Hoare. *Communicating Sequential Processes*. Communications of the ACM, Volume 21 Issue 8, Aug. 1978. http://spinroot.com/courses/summer/Papers/hoare_1978.pdf

- [Hoare1] C.A.R. Hoare. *Monitors: An Operating System Structuring Concept*. Communications of the ACM, Vol. 17 Number 10, October 1974. http://citeseerx.ist.psu.edu/viewdoc/download?doi=10.1.1.73.8853&rep=rep1&type=pdf

- [IntelABI] *Intel® Transactional Memory Compiler and Runtime Application Binary Interface* https://software.intel.com/sites/default/files/m/5/a/2/a/f/8097-Intel_TM_ABI_1_0_1.pdf

- [IntelSTM] *Intel® C++ STM Compiler, Prototype Edition*. https://software.intel.com/en-us/articles/intel-c-stm-compiler-prototype-edition

- [Kleen] Andi Kleen. *Lock elision in the GNU C library*. January 30, 2013. https://lwn.net/Articles/534758/

- [Lamport] Leslie Lamport. *A New Solution of Dijkstra's Concurrent Programming Problem*. 1974, http://research.microsoft.com/en-us/um/people/lamport/pubs/bakery.pdf

- [Lamport2] Leslie Lamport. *The mutual exclusion problem - Part I: A theory of interprocess communication*. Journal of the ACM, 1986.

- [Lamport3] Leslie Lamport. *A Fast Mutual Exclusion Algorithm*. ACM Transactions on Computer Systems, Vol. 5, February 1987. http://research.microsoft.com/en-us/um/people/lamport/pubs/fast-mutex.ps

- [Lamport15] Leslie Lamport. *Turing Lecture: The Computer Science of Concurrency: The Early Years*. Communications of the ACM, Vol. 58 No. 6, Pages 71-76, 2015. http://cacm.acm.org/magazines/2015/6/187316-turing-lecture-the-computer-science-of-concurrency/fulltext

- [Lampson] Butler W. Lampson, David D. Redell. *Experience with processes and monitors in Mesa*. Communications of the ACM. Volume 23 Issue 2, Feb. 1980. http://dl.acm.org/citation.cfm?id=358824

- [Lea] Doug Lea. *The java.util.concurrent Synchronizer Framework*. Science of Computer Programming. Volume 58, Issue 3, December 2005. http://www.sciencedirect.com/science/article/pii/S0167642305000663

- [LockLess1] *Futex Cheat Sheet.* http://locklessinc.com/articles/futex_cheat_sheet/

- [LockLess2] *Mutexes and Condition Variables using Futexes.* http://locklessinc.com/articles/mutex_cv_futex/

- [Lomet] David B. Lomet. *Process structuring, synchronization, and recovery using atomic actions.* ACM Conference on Language Design for Reliable Software, pages 128–137, March 1977. http://dl.acm.org/citation.cfm?id=808319

- [Mackintosh] Alasdair Mackintosh, Olivier Giroux. *C++ Latches and Barriers.* ISO/IEC JTC1 SC22 WG21 N4204, 2014-08-06. http://www.open-std.org/jtc1/sc22/wg21/docs/papers/2014/n4204.html

- [MCS1] John M. Mellor-Crummey, Michael L. Scott. *Algorithms for Scalable Synchronization on Shared-Memory Multiprocessors.* ACM Transactions on Computer Systems, 9(1):21-65, Feb. 1991. http://www.cs.rice.edu/~johnmc/papers/tocs91.pdf

- [MCS2] John M. Mellor-Crummey, Michael L. Scott. *Scalable Reader-Writer Synchronization for Shared-Memory Multiprocessors.* PPOPP '91 Proceedings of the third ACM SIGPLAN symposium on Principles and practice of parallel programming. http://citeseerx.ist.psu.edu/viewdoc/download?doi=10.1.1.380.1719&rep=rep1&type=pdf

- [Microsoft] *Priority inversion.* https://msdn.microsoft.com/en-us/library/windows/desktop/ms684831%28v=vs.85%29.aspx

- [Minh] Chí Cao Minh, JaeWoong Chung, Christos Kozyrakis, Kunle Olukotun. *STAMP: Stanford Transactional Applications for Multi-Processing.* IEEE International Symposium on Workload Characterization, 2008. IISWC 2008. http://csl.stanford.edu/~christos/publications/2008.stamp.iiswc.pdf

- [Molnar] Ingo Molnar. *PI-futex: -V1. Lightweight userspace priority inheritance.* http://lwn.net/Articles/177111/

- [Neilsen] Mitchell L. Neilsen, Masaaki Mizuno. *A Dag-Based Algorithm for Distributed Mutual Exclusion.* IEEE 11th International Conference on Distributed Computing Systems, 1991. http://www.it.iitb.ac.in/~deepak/deepak/courses/seminar/00148689.pdf

- [Papamarcos] Mark S. Papamarcos, Janak H. Patel. *A low-overhead coherence solution for multiprocessors with private cache memories.* ISCA '84 Proceedings of the 11th annual international symposium on Computer architecture, 1984. http://dl.acm.org/citation.cfm?id=808204

- [Peterson] G. L. Peterson. *Myths About the Mutual Exclusion Problem,* Information Processing Letters 12(3) 1981, 115–116.

- [Popov] Vlad Popov, Oleg Mazonka. *Faster Fair Solution for the Reader-Writer Problem.* 2013. http://arxiv.org/pdf/1309.4507.pdf

- [Railroad] *A Treasury of Railroad Folklore*, B.A. Botkin & A.F. Harlow, p. 381.

- [Rajwar] Ravi Rajwar and James R. Goodman. *Speculative lock elision: enabling highly concurrent multithreaded execution.* In MICRO '01: Proc. 34th International Symposium on Microarchitecture, pages 294–305, December 2001. http://pages.cs.wisc.edu/~rajwar/papers/micro01.pdf

- [Reeves] Glenn E Reeves. *What really happened on Mars?.* http://research.microsoft.com/en-us/um/people/mbj/mars_pathfinder/Authoritative_Account.html

- [Ricart] Glenn Ricart, Ashok A. Agrawala. *An Optimal Algorithm for Mutual Exclusion in Computer Networks.* Communications of the ACM CACM Volume 24 Issue 1, Jan. 1981. http://cs.hbg.psu.edu/comp512.papers/RicartAgrawala-81.pdf

- [Sampson] Adrian Sampson. *PyPy and CPython's Broken Multithreaded Semantics.* 25 October 2012. http://homes.cs.washington.edu/~asampson/blog/parallelpypy.html

- [Shavit] Nir Shavit, Dan Touitou. *Software transactional memory.* PODC '95 Proceedings of the fourteenth annual ACM symposium on Principles of distributed computing, 1995 http://groups.csail.mit.edu/tds/papers/Shavit/ShavitTouitou-podc95.pdf

- [Shiftehfar] Reza Shiftehfar. *Priority Inversion Problem and Mars Pathfinder.* http://blog.shiftehfar.org/?p=207

- [Stallings] William Stallings. *Operating Systems: Internals and Design Principles* (8th Edition), 2014.

- [Stone] Janice M. Stone, Harold S. Stone, Phil Heidelberger, John Turek. *Multiple reservations and the Oklahoma update.* IEEE Parallel & Distributed Technology, 1(4):58–71, November 1993. https://www.cs.auckland.ac.nz/courses/compsci703s1c/resources/OklahomaUpdate.pdf

- [Tabatabai] Ali-Reza Adl-Tabatabai, Tatiana Shpeisman, Justin Gottschlich. *Draft Specification of Transactional Language Constructs for C++.* Transactional Memory Specification Drafting Group. February 3, 2012. http://www.open-std.org/jtc1/sc22/wg21/docs/papers/2013/n3725.pdf

- [Taunbenfeld] Gaudi Taunbenfeld. *Synchronization Algorithms and Concurrent Programming.* Pearson Education 2006. ISBN 978-0-13-197259-9.

- [TransactionGCC] *Transactional Memory in GCC.* https://gcc.gnu.org/wiki/TransactionalMemory

www.ingramcontent.com/pod-product-compliance
Lightning Source LLC
Chambersburg PA
CBHW060547060326
40690CB00017B/3632